中小学生核心素养系列丛书

中小学生
人工智能知识

汪广军　编著

应急管理出版社

·北京·

图书在版编目（CIP）数据

中小学生人工智能知识/汪广军编著. --北京：应急管理出版社，2021（2022.3 重印）

（中小学生核心素养系列丛书）

ISBN 978-7-5020-7962-8

Ⅰ.①中… Ⅱ.①汪… Ⅲ.①人工智能—中小学—教学参考资料 Ⅳ.①G634.673

中国版本图书馆 CIP 数据核字(2021)第 078094 号

中小学生人工智能知识（中小学生核心素养系列丛书）

编　　著　汪广军
责任编辑　高红勤
封面设计　何洁薇

出版发行　应急管理出版社（北京市朝阳区芍药居 35 号　100029）
电　　话　010-84657898（总编室）　010-84657880（读者服务部）
网　　址　www.cciph.com.cn
印　　刷　天津行知印刷有限公司
经　　销　全国新华书店

开　　本　710mm×1000mm 1/16　**印张**　7　**字数**　97 千字
版　　次　2021 年 6 月第 1 版　2022 年 3 月第 2 次印刷
社内编号　20201791　**定价**　28.00 元

序 言

新技术的发展，需要新思想来推动；新时代的到来，需要青少年去创造。人工智能时代已经到来，新时代的青少年，你们准备好了吗？

2017年7月8日，国务院印发并实施《新一代人工智能发展规划》，提出要实施全民智能教育项目，在中小学阶段设置人工智能相关课程，逐步推广编程教育，鼓励社会力量参与寓教于乐的编程教学软件、游戏的开发和推广工作。

人工智能是新时代的新技术，现阶段，从全球范围来看，人工智能发展迎来高潮，但依然有许多技术困难需要攻坚。青少年是国家未来的希望，也是延续人工智能科研探索的主力军，开展好青少年人工智能教育，对整个国家、整个世界而言，都是一项重要工作。

在国家政策的引领下，近年来，人工智能迅速融入中小学教育课程。许多城市都出现了中小学编程培训班，许多学校也开始了适合中小学生的人工智能课程，这为人工智能知识普及和人工智能技术发展提供了良好助力。

但需要注意的是，人工智能虽然是计算机科学的一个分支，但其所涵盖的科学门类却十分广泛。想从事人工智能的研究，不仅要具备一定的计算机知识，有时要掌握一些心理学、哲学的知识，即使单论人工智能技术相关知识，也有机器学习、计算机视觉、深度学习等诸多内容。

从这一角度来讲，学好人工智能，尤其是让中小学生学好人工智能并不是一件容易的事。从人生发展规划来说，中小学生的主要任务是学习和积累各方面的科学文化知识，语文、数学、历史、物理……人工智能也是这些知识中的一个。

如此多的学科知识要掌握，怎样才能让孩子们兼顾各个学科知识的学习，而又完成人工智能知识的入门学习呢？这是当前国家、学校和家长要共同考虑的问题。

中小学生的人工智能教育应该“深入浅出”，应该以应用实践知识为主，基础理论知识为辅。在这一阶段，与其为孩子灌输大量晦涩难懂的人工智能技术知识，不如让他们在人工智能实践中自己动手探索、动脑思考。寓教于乐，才是中小学生学习人工智能的最好方法。

本书以此为立足点，虽然其中涉及了人工智能的一些核心技术内容，但在讲解时，我们有意弱化了理论阐述部分，而是以生活实例，让学生更好地理解人工智能的理论内容。

在理论之外，人工智能应用和实操是本书着重介绍的内容，了解人工智能是怎样让生活变美好的，尝试用人工智能知识让生活变得更“智能”，这是每个中小学生都应努力掌握的知识和技能。

当然，人工智能的知识内容浩如烟海，仅靠这本书是远远讲不完的。那些有志于在人工智能领域走得更远、探索得更深的学生，可以通过寻找更多的人工智能书籍来充实和提高自己。最后，预祝每一个投身人工智能海洋的学生都能在这片大海中寻找到属于自己的珍宝。

编者

2021年3月

目　录

第一章　人工智能也是一门必修课

第二章　人工智能技术探秘

第三章　人工智能都会做什么

第四章 人工智能时代已经到来

第五章 人工智能的创新实践

第一章 人工智能也是一门必修课

- 人工智能和人类智能
- 人工智能知多少
- 机器会思考吗
- 人工智能大事件
- 我们的智能生活
- 未来的人工智能时代
- 国家安全，智能保障

一 人工智能和人类智能

导读站

2020年7月10日，中国围棋世界冠军柯洁谈到人工智能时表示："我们一直以来走的都是弯路，并不是一条直线。AI（人工智能）虽然也会走弯路，但它可以通过大量的计算和模拟，把走弯路的时间大大缩短，直到弯路变成一条直线。"

2017年5月，柯洁三次与人工智能软件AlphaGo2.0进行比赛，都以失败收场；在此之前，韩国顶尖棋手李世石也完败于人工智能。难道人工智能真的比人类智能更为高级吗?

AI小讲堂

围棋棋路变化多端，非常考验选手的脑力，那些技艺高超的围棋选手，大都思维灵活，善于应对各种问题。

像柯洁、李世石这般的顶尖棋手，更是这方面的佼佼者，他们有着缜密的逻辑力、持久的专注力、超强的记忆力，以及洞察全局的视野。但即使如此，他们依然败在了人工智能手下，这似乎说明了人工智能要比人类智能更为聪明、更为高级。

人工智能是一种通过探索人的感知觉和思维方法来模拟人类行为的智能活动，拥有"智能"的机器可以代替人类从事一些高难度、高风险的工作。它们可以与人类一起下围棋、替人类写文章、帮人类勘探矿产、替人类潜入深海探索……几乎无所不能。

看上去，无所不能的"人工智能"似乎真的要超越人类智能，成为最高等级的智能形式了。但实际上，人类智能要比人工智能复杂很多，即使人工智能在某个领域超越了人类智能，它也很难在所有领域完成超越。

人类智能可以理解为人的智慧和能力，是一种较为复杂的精神活动功能。我们将课堂上学到的新知识运用到生活中，解决一些在生活中遇到的困难和问题，就是在发挥人类智能。

世界著名教育心理学家霍华德·加德纳将人类的智能划分为九个不同的类别：语言、数理逻辑、空间、身体-运动、音乐、人际、内省、自然探索和存在。

这些不同类别的智能代表着我们在不同方面的能力表现，如果我们在某一方面的智能表现非常突出，那便可以根据这一方面的智能，去从事相关工作。例如，我们的音乐智能很突出，便可以从事与音乐相关的工作，做一名歌手、做一位音乐老师、做一个指挥家……

人工智能可以做到的只是对人类智能的模拟，它们可能模拟我们的音乐智能，也可能模拟我们的数理逻辑智能，但想要全面模拟人类智能，至少在现阶段还很难实现。

在现阶段，人工智能依然会受到人类智能的限制。但在未来，人工智能将会发展到哪一步，我们是没有办法断言的。

AI说

人类之所以能创造如此丰富多彩的文明，正是因为有人类智能的存在。人工智能技术也是人类智能的创造物，作为模拟人类智能的一项创新技术，人工智能未来会发展到何种程度，还要看人类如何发挥自身的智能。

二 人工智能知多少

导读站

2020年8月14日，“2020全球人工智能产品应用博览会”在江苏召开。在这场博览会上，1000多项人工智能创新产品亮相。

一款智能帕金森诊断平台收集和计算了数百例患者的数据，只要被测者简单展示几个手部和脚部动作，它便可以在几十秒内给出被测者帕金森运动障碍等级的指标，帮助医生对病人的患病程度进行判断。

在这次大会上，这样的智能产品还有很多，地铁车辆智能维修平台、智慧安检平台、智慧教育平台……数千种创新智能产品，让人看花了眼。

AI小讲堂

这些种类繁多的人工智能产品，每一个都“本领非凡”，这都得益于人工智能学科的发展，以及人工智能技术的进步。

1956年，麦卡锡等科学家在美国达特茅斯学院的会议上，首次提出了“人工智能”这一概念，人工智能学科也由此诞生。

人工智能是一门研究开发能够模拟、延伸和扩展人类智能的理论方法、技术应用的新技术学科。这是一门复杂的学科，对于它的研究将会涉及计算机科学、信息科学、数学、控制科学、心理学、语言学等数十种学科。所以一项人工智能工程的研究，往往需要多学科的科研人员共同参与才能完成。

让智能机器变得肯听、会看、爱说、可以思考、能够学习、乐于行动，可以说是人工智能学科的根本研究目的。

智能机器要做的不正是我们每天都在做的事情吗？没错！人工智能学科的研究目的，正是让智能机器变得像人类一样，甚至在某些领域可以超越人类能力的极限。基于这种目的，智能模拟方法出现了。

所谓智能模拟方法，就是利用计算机的学习系统，来模拟人的感知、记忆、联想和思维过程的一种方法。

感知模拟就是对人的视觉、听觉、触觉和嗅觉等器官，对于外界信息产生的感觉的模拟。通过模拟我们的感觉器官，智能机器就能获得各种各样的信息，来帮助自己分析和理解问题。

例如，智能机器通过模拟我们眼睛的功能，便可以看到各种图像，通过对这些图像进行分析处理，就能辨别图像与图像之间的差别。在“找碴”游戏中，智能机器可比我们厉害多了。

思维模拟主要是通过功能模拟的方法，直接对人脑和神经系统的结构与功能进行模拟。这一研究持续了很长时间，直到现在依然在进行。

如果智能机器真的可以模拟人的大脑，像人类一样思考，那它们能做的就不只是与我们下棋了。它们可以和我们聊天，会陪我们读书、写字、做游戏，会给我们讲故事，甚至还会编谎话骗我们。

想要实现上面提到的这些内容，我们还需要依靠人工智能技术。人工智能技术并不是单一的技术门类，而是一系列技术的集成，其既涉及机器学习、深度学习技术，也涉及了自然语言处理和人机交互的技术。

因此，想要学好人工智能这门课，我们必须要多方面涉猎和了解这些技术知识，在充实自己的同时，为人工智能技术创新提供助力。

AI说

无论我们对于未来有着何种想象，人工智能在未来的人类生活之中都必然会扮演一个重要的角色，“智能生活”也将慢慢地走进千家万户。

三 机器会思考吗

导读站

作为破译了英格玛密码机的英雄，阿兰·图灵为盟军最终成功取得第二次世界大战的胜利做出了最大的贡献。同时为了表彰他在数学和逻辑学方面的辉煌成就以及贡献，以其名字命名的“图灵奖”在1966年被正式设立，这是这一领域的最高奖项，被誉为“计算机界的诺贝尔奖”。

AI小讲堂

阿兰·图灵，英国数学家、逻辑学家，被称为“计算机之父”“人工智能之父”。他在第二次世界大战中，曾协助军方破解了德国的密码系统，为盟军取得胜利提供了重要帮助。

在人工智能领域中，图灵也做出了许多开创性贡献，其中最为突出的就是他提出了一种用于判定机器是否具有智能的试验方法——“图灵试验”。

1950年，图灵发表了一篇名为《计算机器与智能》的论文，他在论文中对“机器”和“思考”的含义进行了探索。在论文开篇，图灵建议大家思考一个问题，那就是“机器会思考吗？”为了能够更好地定义“思考”，他又提出了一个“模仿游戏”。

这个“模仿游戏”有A、B、C三个人参与，A是男性，B是女性，两个人坐在房间里，而C则是这场比赛的裁判。在A、B、C三人中，C需要判断在A、B两个人中，谁是男性，谁是女性。

在这个游戏中，女性B只需要如实回答裁判的提问，并不需要用自己的智慧去欺骗裁判C。而男性A则要想尽办法、开动大脑，去欺骗裁判C，让他无法做出正确判断。裁判C作为下判断的人，也需要开动大脑，进行分析。

这样一个游戏究竟与“机器会思考吗”这一问题有什么关系呢？通过上面的游戏可以发现，男性A是三个人中最需要运用智慧、进行思考的人，如果他骗过了裁判，那就说明他是一个会思考的人。如果将这个男人换成一台计算机，当计算机成功骗过裁判C后，我们是不是也可以说这是一台“会思考”的计算机呢？

假设一个人在不接触对方的情况下，通过一种特殊方式，与对方展开问答。如果在很长一段时间内，这个人没办法去根据这些问答来判断“对方”究竟是人还是计算机，那便可以认为这个“对方”骗过了人类，即当“对方”为计算机时，便可以说这台计算机是“会思考”的。这便是“图灵试验”的全部内容。

图灵在论文中提到，如果判断正确的裁判人数不足70%，那便可以说这台计算机成功骗过了人类。在图灵看来，这样的计算机虽然当时还没有，但在不久的将来一定会出现。

2014年6月8日，一台名叫尤金·古斯特曼的计算机成功地让人类相信了它是一个13岁的男孩，从而成为有史以来第一台通过图灵试验的计算机。

虽然该计算机成功通过了“图灵试验”，但我们仍然不能认为它是一台有人类智力行为的计算机。因为在设计之初，尤金的目的就是在5分钟的对话时间内尽可能多地欺骗人类。

这和现在我们经常会用到的语音助手很类似，当我们对着语音助手发出指令时，语音助手会帮助我们完成一系列工作，如开关灯、自动导航、选择节目等。

看上去，语音助手听懂了我们的话，然后通过“思考”展开了行动，但实际上，它们并没有进行真正的“思考”，只是对接收到的语音指令做出程序反应而已。因此，这些语音助手还算不上“会思考”。

AI说

科学家们依然在研究“机器会思考吗”这一问题，这种研究对于人工智能的发展具有重要意义。只要学好人工智能这门必修课，我们也能与科学家一起，共同研究并解决这一问题。

四 人工智能大事件

导读站

1956年夏季，达特茅斯研讨会在美国达特茅斯大学举办，整个研讨会持续了2个多月。在这次研讨会上，马文·明斯基、约翰·麦卡锡、赫伯特·西蒙与纽厄尔等人提出了一系列理论，这些理论的提出极大地补充和完善了人工智能的理论基础，也为人工智能的发展提供了重要动力。

达特茅斯研讨会

AI小讲堂

对于人工智能的发展来说，达特茅斯研讨会是一场意义非凡的会议。这次研讨会为尚在萌芽阶段的人工智能提供了理论支持和科学依据。

参与达特茅斯研讨会的学者一共有10名，他们中最小的只有25岁，最大的也未超过40岁。这些学者虽然年轻，但在各自的研究领域中却都已经有了很深的造诣。

参加研讨会时，约翰·麦卡锡只有28岁，正担任达特茅斯学院数学系的助理教授。在这里他第一次接触到“人工智能”这一概念，通过孜孜不倦地探索与钻研，他成了人工智能领域的佼佼者。

在研讨会上，麦卡锡提出了α－β搜索法。这一搜索方法减少了计算机搜索的复杂性，从而让搜索行为能够正常进行。直到现在，麦卡锡的这种搜索方法依然是我们解决人工智能问题的一种常用方法。

与麦卡锡一样，参加研讨会时，马文·明斯基也只有28岁，他对物理学、数学和遗传学等学科都有研究，还在1958年与麦卡锡一起创建了世界上第一个人工智能实验室。

在研讨会上，明斯基带来了自己研发的一台名为“Snare”的学习机，这是最早的人工智能研究尝试之一，也是世界上第一个神经网络模拟器。在这台机器的基础上，明斯基解决了使机器能基于对过去行为的知识预测其当前行为的结果这一问题。

纽厄尔和赫伯特·西蒙也是研讨会的主要参与者。纽厄尔编写了信息处理语言最早的两个AI程序，西蒙则在计算机科学和心理学结合方面做出了卓越贡献，1975年，二人一起因为在人工智能方面的基础贡献而被授予“图灵奖”。

在研讨会上，两人带来了共同开发的世界最早的启发式程序“逻辑理论家”，作为研讨会中唯一一个可以工作的人工智能软件，这一程序引起了其他参与者的广泛兴趣。

这些参与达特茅斯研讨会的学者，在研讨会后，又在各自的研究领域中刻苦钻研，在不断创造个人辉煌的同时，也推动了人工智能不断向前发展。

达特茅斯研讨会之后，人工智能进入了大发展的时代，越来越多的研究者涌入人工智能领域，为人工智能的发展提供了更为充实的理论支持，在推动人工智能发展的同时，让更多的人开始接受和认可人工智能的发展。

一项科学技术的出现与发展，需要许多有知识、有理想、有干劲的年轻人的努力。年轻既是奋斗的资本，也是创新的动力，趁着“年轻正当时”，让我们从兴趣出发，向理想前行，在不同的领域慢慢积蓄能量吧！

五 我们的智能生活

导读站

作为新一代通信技术发展的方向，5G网络因其高速率、低时延、广连接的特点，让我们的生活变得更为智能。在这一过程中，智能终端发挥着至关重要的作用。作为5G时代的重要组成部分，它直接影响着我们的感官和体验。

AI小讲堂

智能终端是一类嵌入式的计算机设备，具有智能操作系统，可以自由接入互联网，下载并执行各种依托于操作系统的应用程序，同时还具有丰富的多媒体处理能力和人机交互能力。

智能手机、智能手表、平板电脑、智能电视……这些都是生活中常见的智能终端，尤其是智能手机，可以说是最为常见、使用频率最高的一种智能终端。很难想象，如果没有了智能手机，我们的生活会变成什么样子。

上面提到的这些智能终端主要由硬件结构和软件结构两部分组成。

硬件结构主要由运算器、控制器、输入设备、输出设备和存储器5大部件组成，这之中，运算器和控制器又共同构成了整个智能终端的核心部件——中央处理器，也就是我们通常所说的“CPU”。

软件结构主要包括系统软件和应用软件，系统软件又包括操作系统和中间件。操作系统是一个庞大的管理控制程序，也是智能终端的基础与核心。应用软件是立足于操作系统，满足我们不同应用需求的一个与智能终端进行交互的接口。

以智能手机华为mate40为例，“麒麟9000”是其硬件系统中的CPU，“EMUI 11.0（基于Android 10）”则是其软件系统中的操作系统。“微信、淘宝……”则是安装于智能手机之中的应用软件。

智能手机只是智能终端的一个类别，随着计算机技术和人工智能技术的发展，越来越多并不“智能”的设备，现在也变成了我们身边的智能终端。

在人工智能技术的助力下，原本“冰冷”的冰箱，现在可以听从我们的指令，自己调控温度；原本并不“智能”的电视机，现在也变得“聪明”起来；原本“只会说话”的音箱，现在也已经变得“非常听话”，甚至成了我们的“家庭生活管家”……这些智能终端的发展让我们的生活变得越来越便利。

其实，现阶段智能终端的发展还处于初级阶段，伴随着5G网络的普及和人工智能技术的进一步发展，智能终端将会变得更为智能。

那时，越来越多的智能终端设备将会出现在我们的生活中，我们可以用智能手机连接各种不同的终端设备，完成更多现在无法完成的活动。届时，真正的智能化时代就会到来，我们的生活也会变得更加便捷舒适，更加智能。

当我们身边的物体都具有了自己的“智能”时，我们便能更加简单、快捷地与它们进行交流，这会让我们的生活变得简单舒适，也更加智能，这在几年前可能还不现实，但在现在，以及不久的将来，可以轻松实现。

六 未来的人工智能时代

导读站

试想一下下面几个场景。

场景一：通过手机下单之后，智能AI控制的无人机直接将快递送到你手中。

场景二：利用神经算法学习视觉信息，智能AI拍出的照片比你自己拍出的照片更好看，更能表现情感。

场景三：菜农老王在家遥控无人机喷洒农药，田间的电子稻草人实时监控天气、光照，预报害虫病，报告菜市场价格！在网上订购了老王的菜可以显示农药喷洒量及厂家，还可显示光照时间及口感！选好菜，在线支付，专供的新鲜蔬菜就送到你家餐桌上！

场景四：无人驾驶的汽车将你送达任何地方。

从这些场景中，你看到的是恐惧抑或是美好？无论如何，人工智能已经到来，面对新的科技我们有必要深入地了解它的本质及发展趋势。

AI小讲堂

经过了60多年的发展，人工智能已经在一些方面取得了突破，如果说过去的人工智能还“并不能为我们所用”，那现在的人工智能就已经变得“可以为我们所用”，而在未来，人工智能将会变得“更好地为我们所用”。

这是可以预见的未来，并不是遥不可及的，无论从国家的规划，还是从人工智能技术的研发进程来看，人工智能时代的到来都是可实现的。

那在不久的未来，将会到来的人工智能时代究竟是什么样子的呢？我们可以从以下几个方面来简单了解一下未来的人工智能时代。

第一个方面，人工智能机器人将会从专用人工智能向通用人工智能发展。

现阶段的人工智能机器人更多属于在单一领域的专用智能机器人，如人工智能软件AlphaGo在目前只是在围棋领域击败了人类棋手，在其他领域，它依然还有很多需要“学习”的内容。

未来，像AlphaGo这样的人工智能机器人，将会从专用人工智能向通用人工智能转变，“解决世界上一切问题的通用人工智能”将是众多智能机器人在人工智能时代的主要工作。

第二个方面，人机混合智能将会逐渐变为现实。

相比于制造出具有人类智能的机器人，将人的认知模型引入智能系统，让人工智能成为人类智能的延伸与拓展，将是人工智能时代的人工智能的重要研发方向。

在为重症病人做手术时，医生可以将高精密的人工智能设备当作自己的双手，从而完成更为细致、精准的手术操作。医生的临床经验，加上人工智能设备“分毫不差”的高精密操作，将会帮助医生解决更多更复杂的医疗问题。

第三个方面，人工智能产业将蓬勃发展。

随着人工智能技术的发展，以及各国对人工智能产业投入的增多，人工智能产业在未来将会呈现爆发式增长态势。很多现有的传统产业，将会插上“人工智能的双翼”，重新展现新的活力，一些新的人工智能产业的出现，也会大大改变当前的产业结构。

是被人工智能产业淘汰，还是拥抱人工智能产业，成功“驾驭”人工智能技术，是每个国家和个人都要考虑的问题。认真学习科学文化知识，接触更多前沿的人工智能技术，则是现阶段我们需要努力的方向。

第四个方面，人类将会步入智能社会。

人工智能将会显著提高各行业的运转效率，对于国家经济发展、个人生活水平提高也有显著影响。伴随着人工智能与社会各行各业的融合，整个社会会变得更加智能，越来越多的人将会享受到人工智能的福利。

现在我们生活中的那些“不方便”，将会随着智能社会的到来，而变得“很方便”。垃圾的智能分类、城市的智能管理、学校的智能教学……这些都将在不久的将来成为现实。

AI说

在畅想未来的同时，我们更需要把握好现在的时光。要了解自己的能力，了解国家的政策，了解人工智能的前沿发展，只有对现在有更多、更清楚的认知，我们才能更好地迎接未来，拥抱未来。

七 国家安全，智能保障

导读站

人工智能是引领这一轮科技革命和产业变革的战略性技术，具有溢出带动性很强的“头雁”效应。在移动互联网、大数据、超级计算、传感网、脑科学等新理论、新技术的驱动下，人工智能加速发展，呈现深度学习、跨界融合、人机协同、群智开放、自主操控等新特征，正在对经济发展、社会进步、国际政治经济格局等方面产生重大而深远的影响。

——2018年10月31日，习近平总书记在十九届中央政治局第九次集体学习时的讲话

AI小讲堂

人工智能并不是一种军事武器，但其与军事安全和国家安全却有着千丝万缕的联系。从国家角度而言，我们除了要利用人工智能技术推动经济发展、促进社会进步外，还需要利用这一技术来确保军事安全、国家安全。

现阶段，越来越多的国家已经注意到人工智能对国家安全的重大意义，纷纷出台相应政策，为人工智能技术发展指明方向、保驾护航。

国务院在《新一代人工智能发展规划》中明确指出：“促进人工智能技术军民双向转化，强化新一代人工智能技术对指挥决策、军事推演、国防装备等的有力支撑，引导国防领域人工智能科技成果向民用领域转化应用。”以人工智能提升国防实力，保障和维护国家安全。

美国和俄罗斯等国也纷纷出台人工智能相关政策，以确保本国在人工

智能研发方面不落在其他国家之后。

当前，军事人工智能还处在初级阶段，但随着人工智能技术的成熟，军事人工智能也将得到进一步发展。

2020年9月，西藏军区在4500米地域军事演习中，首次使用智能无人机群为“作战地域”空投热食。从准备餐食到将餐食运抵指定区域，智能无人机群只用了十几分钟时间，战士们拿到饭菜时，饭菜还冒着热气。

国家安全
智能保障

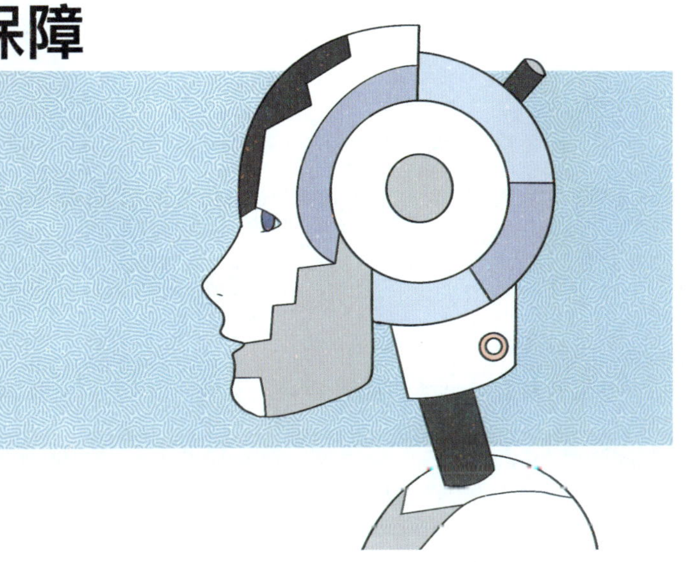

在一个相对较小的区域，同时派遣较多数量的智能无人机，必须要解决好智能无人机间的协调问题。凭借着人工智能技术，智能无人机在操作员下达起飞指令后，便自动完成空中排序，并在指定区域精准投送物品，最后成功返航。即使飞行途中遇到恶劣天气或鸟类的影响，智能无人机也可以凭借智能感知系统进行避让。

除了可以完成投送食物的任务外，智能无人机还可以在重型设备无法到达的高原、丛林地区投送弹药、药品，解决作战部队的弹药和医疗补给问题。一些智能无人机还可以充当侦察节点和通信节点，在扩大自身部队通信范围的同时，干扰敌方的正常通信。

当然，一些拥有精确定位系统，并携带杀伤性武器的智能无人机则会变成“难觅踪影”的杀手，给予地面部队沉重打击。

人工智能技术就像一把“双刃剑”，其既是维护国防安全和人民安全的“保护伞”，也是入侵其他国家、伤害别国公民的“绞肉机”。

AI说

科学技术并没有正义与邪恶之分，人们对于科学技术的正面评价与负面评价，更多的是依据应用这项技术的人的所作所为而给出的。

对于我们来说，掌握科学技术后，利用科学技术做出对社会、对国家有利的事情是正确的选择，利用其为自己牟福利而因此伤害他人或国家的利益，就是错误的选择。

第二章 人工智能技术探秘

- 决策树，人工智能的核心算法
- 生活中的大数据
- 算术大师云计算
- 机器也要“好好学习”
- 深度学习，“天天向上”
- “人工神经网络”，人工智能的大脑
- 专家系统，专家教你做作业

一 决策树，人工智能的核心算法

导读站

决策树是在已知各种情况发生概率的基础上，通过构成决策树来求取净现值的期望值大于等于零的概率，评价项目风险，判断其可行性的决策分析方法，是直观运用概率分析的一种图解法。由于这种决策分支画成图形很像一棵树的枝干，故称决策树。

AI小讲堂

人工智能算法并不是简单的加、减、乘、除，而是一种解决问题的手段，掌握了这种手段之后，我们就能够大批量地解决这种问题。

在做饭时参考的菜谱就可以被看作一种“算法”，只要按照菜谱的方法来做，我们就能做出相应的菜。人工智能有了算法后，就可以完成各种各样的工作。

现在比较通用的人工智能算法主要有六种，分别是列举法、归纳法、递推、递归、减半递推技术、回溯法。

决策树是一种典型的分类方法，通过对数据进行处理，利用归纳算法生成可读的规则和决策树，然后再对新数据进行分析。从本质上来讲，决策树就是通过一系列规则对数据进行分类的一种方法。

理解这种决策树并不困难，我们在日常生活中，也经常会不自觉地运用这种方法。例如，当我们去水果店挑选水果时，大脑便会运用决策树方法为我们筛选合适的水果。

最初，我们的大脑会将所有水果按照大小、颜色、价格高低、口味来进行分类。例如，西瓜这种水果便属于“大的”“绿色”“便宜”“甜的”，而苹果则属于“小的”“红色”“贵”“甜的”。

当把所有水果都分好类后，大脑会根据我们的意愿对这些水果进行分类筛选。如果我们的第一个意愿是要吃“小的”水果，那西瓜便会被刷掉，苹果、桃子、酸梨等水果则会剩下来。

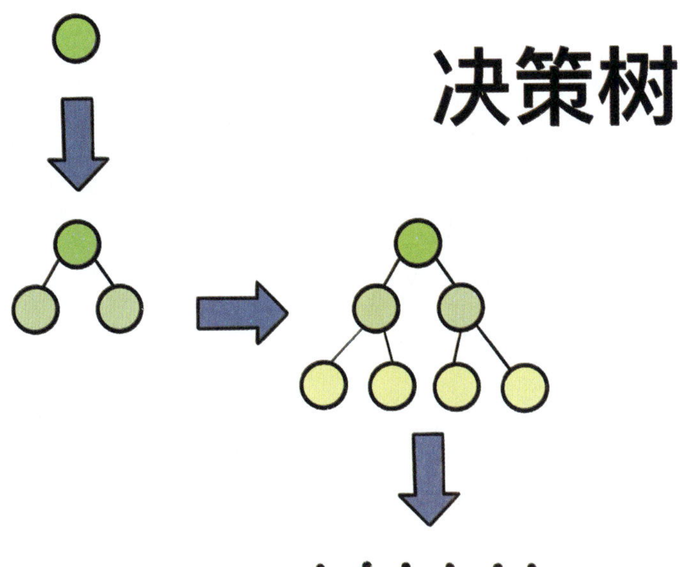

当第一次筛选完成后，大脑会根据我们的第二个意愿，对剩下的水果进行筛选。如果我们的第二个意愿是要吃“甜的”水果，那酸梨就会被刷掉，苹果、桃子、香蕉等水果便会剩下来。

以此类推，如果我们的第三个意愿是要吃“红色”水果，那桃子、香蕉便会被刷掉，最后就只剩下苹果这一种水果。

可以看到，在经历过一系列分类筛选后，我们得到了自己最想吃的水果，这种水果符合我们的所有意愿。

人工智能的决策树便是一种这样的树状结构算法，其上的每个内部节点都代表一种属性上的判断，每个分支都代表一个判断的结果，每个叶节点则代表一种分类结果。整个分类过程就像树木分出枝杈一样，不断蔓延生长。

专家们主要用这种算法来训练人工智能的分析决策能力，试想一下，如果不知疲倦的人工智能可以学会帮助我们筛选苹果的方法，那它们是不是也变得像我们一样智能了呢？

AI说

算法是人工智能的核心与灵魂，除了决策树算法外，人工智能还有其他很多重要算法。在应对不同问题时，专家们会使用不同的算法，这些算法各有千秋，并没有优劣之别。

二 生活中的大数据

导读站

现在，当我们想要去一个完全没去过的地方时，使用手机地图导航是一个不错的选择；而我们想要购买日常用品时，打开手机使用购物软件一搜索，便能找到各式各样的商品。智能手机的出现便利了我们的生活，但你知道吗？真正让智能手机更懂我们的，其实是生活中的大数据。

AI小讲堂

大数据的“大”不只表现为数据量大，还表现在数据类型多样、计算速度快等方面。总的来说，大数据有四个主要特征：规模、多样、价值和速度。

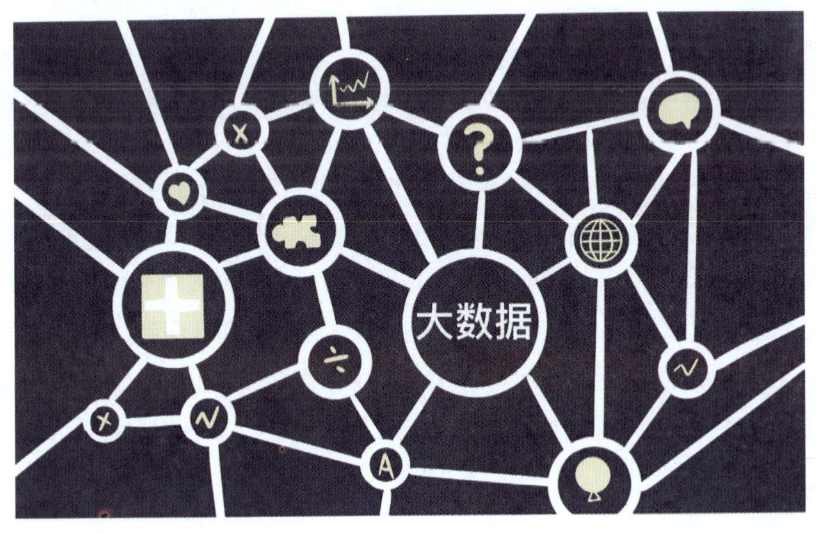

规模指的是大数据的数据量很大，规模会非常大，如果要问大数据究竟有多大，每一天都会有新的答案，伴随着互联网及人工智能的进一步发展，人类制造出来的数据将会越来越多。

多样指的是大数据的形式是多样的，传统的数据更多的是结构化数据或文本，现在的大数据不仅有文本，还有语音、图像、音频、视频等多种形式。当我们与朋友语音聊天时，我们就是在创造音频数据。

价值指的是大数据的数据价值密度，现在我们身边的数据越来越多，但与我们个人相关的有价值的数据信息却是相对较少的。所以想要利用好大数据为我们自身服务，就必须通过人工智能等先进技术来从众多信息中深度发掘那些对我们有用的数据。

速度指的是大数据产生的速度，并不是我们上传或下载图片、视频的速度。数据就像水龙头中的水一样，会源源不断地从水管中“流”出来。

在没有人工智能技术支持之前，这些人类制造的大量数据信息，并没有得到很好的利用。当人工智能与大数据结合在一起时，大数据才显示其真正的力量。

人工智能想要变得更智能，就必须依靠大量的数据来进行学习和预测，通过从数据中学习，建立数据模型，人工智能才能更好地预测未来。

以AlphaGo下围棋为例，在战胜人类顶尖棋手之前，AlphaGo学习了诸多棋谱，并且接受了数千业余和专业棋手的训练。在这个过程中，AlphaGo接触了各种与围棋相关的大数据，正是因此，它才学会了怎样下围棋，同时还掌握了预测对方棋路和获得最终胜利的方法。

如此来看，我们想要提高学习成绩，是不是也要看大量的书，做海量的题呢？这确实是一种利用大数据进行学习的方法，对于提高学习成绩也会有一定的帮助。但人工智能的大数据学习是在拥有学习方法的情况下开展的学习活动。如果我们没有一个好的学习方法，而盲目开展“题海战术”，就很容易误入歧途。

大数据除了可以让人工智能变得更智能，还可以让我们的生活变得更智能。各大电商网站中，有各种各样的商品，当我们在电商网站上挑选商品时，数据便随之产生，每一次点击，每一笔交易，都会产生海量数据。

当这些数据被汇聚在一起，通过分析与处理后，那些与我们自身相关的数据便会被联系在一起。这样，当我们下一次再进入电商网站时，许多我们需要的商品就会被推送到我们眼前，而不需要我们再去费力搜索。

当前，大数据已经融入我们每个人的生活，医生可以利用大数据对病人的健康情况进行分析诊断，为病人提供更好的医嘱建议；交警可以利用大数据，对某一时刻某一路段的交通状况进行分析判断，更好地指挥交通、疏解交通；刑警可以利用大数据，预测犯罪；农民可以利用大数据，来决定下一年度种植的作物品种和数量……

AI说

在未来的十年、二十年，甚至更长的一段时间里，大数据将一直陪伴在我们身边，当人工智能技术发展到一定阶段时，大数据的价值将会得到进一步体现。如果说大数据是土壤，那么人工智能就是土壤上开出的花。

三 算术大师云计算

导读站

当我们想要看书时，在网上浏览图书，要比去图书馆借书、自己买书方便一些，但网上的图书大多要付费才能看，即使找到免费图书，也要保存网页或下载下来，书多了之后，整理起来也不方便，难道就没有一种更好的在网上看书的工具吗？

AI小讲堂

随着互联网的飞速发展，在网上看书已经成为人们的主要阅读方式，许多阅读平台都推出了电子书阅读服务，一些传统的图书馆也开始向数字图书馆转型。在存储、筛选、整理各种电子图书，构建数字图书馆的过程中，云计算平台发挥了重要作用。

云计算最初指的是一种分布式计算，其通过“网络云”将巨大的数据计算处理程序分解成无数个小程序，然后再通过多部服务器组成的系统处理分析这些小程序，并将结果返回给用户。

简单来说，云计算就是一个由很多计算资源组成的系统，它就像云彩一样飘在天上。当我们向它发送一个任务后，它会将这一任务分解成很多小的任务，发给不同的机器去同时执行。当所有机器都执行完小任务后，这朵云又会把所有结果整合后反馈给我们。

这一过程就像工厂流水线生产汽车一样，造一辆汽车是项复杂的工作，但如果把汽车的每个部位都拆解出来，让不同的工人去生产不同的部件，造汽车就会变成一项简单工作。每个人只要完成好自己的工作，就会轻松造出一辆汽车。

所以，云计算看上去就像一位算术大师，我们提出再复杂的任务，都能被它轻松完成，既高效、又便捷。

那云计算与构建数字图书馆又有什么关系呢？云计算在构建数字图书馆的过程中，主要起到了两个方面的作用。

一方面，云计算可以让数字图书馆的搭建变得更为高效，更为简单。云计算可以为数字图书馆提供大容量存储设备和多种服务器，帮助数字图书馆做好数据管理工作，为读者提供更高水平的信息服务。

另一方面，云计算还可以为我们的数据信息保驾护航。云计算会将数字图书馆使用者的数据信息保存在先进的数据中心，使任何病毒和入侵者都很难侵入。在严格的权限管理策略下，只有指定的管理者可以对数据中心的信息进行共享，这大大降低了信息泄露的风险。

在云计算的帮助下，我们可以在数字图书馆庞大的“书海”中，快速搜索到自己想要的图书。通过分类检索功能，我们还可以从数字图书馆中发现许多我们未曾听过的“好书”。在云计算面前，一切好像都变得简单起来。

对于人工智能来说，云计算是其发展的重要助推器，现在的云计算已经从存储与计算的工具变为人工智能生态中不可缺少的一项技术。可以预见的是，云计算的发展将会在更深层面助力人工智能的发展，而人工智能的发展则会为云计算带来更多的未知与可能。

AI说

现代社会，技术与技术的壁垒越来越少，一项新技术的产生和发展往往需要其他技术加以辅助。在这种情况下，海纳百川地接触、学习、掌握更多的技术门类，将自己发展成为多样化的技术人才，无疑应当成为当下每个青少年都应有的一种共识。

四 机器也要“好好学习”

导读站

试着回想一下，在幼儿园时，老师教我们学习汉字“一、二、三”时的场景：

老师拿出三张卡片，指着卡片上的汉字不断重复着“一条横线是一，两条横线是二，三条横线是三”。就这样老师的声音一直回荡在我们的脑海中，久而久之，我们就认识了这些汉字。

AI小讲堂

上面的故事讲的是人类学习的场景，依靠这种学习方法，我们认识了很多汉字，读懂了各种文章，掌握了各项技能。人类想要变得更聪明，就需要依靠这种方法“好好学习”，机器若想变得更智能，也需要掌握一些机器学习的方法。

机器学习构建的是一种特殊算法，它能够让计算机自己在数据中学习，从而准确进行预测。它并不是某种具体的算法，而是很多算法的统称，前面提到的决策树就是机器学习中的一种算法。

机器学习的过程与人类学习非常相似，从“训练集”出发，不断识别“特征”，不断“建模”，最后形成“模型”，这便是一个完整的机器学习过程。

其中，“训练集”可以看作我们学汉字时的卡片；“特征”则是我们区分不同汉字的属性；“建模”指的是我们不断听老师讲、不断学习的过程；“模型”就是我们在学会汉字后总结出来的规律。

根据训练方法的不同，机器学习可以分为有监督学习、无监督学习、强化学习三类。

有监督学习指的是机器通过数据来学习正确答案的计算方法。使用有监督学习方法，当我们想让机器学会识别小动物时，我们需要先把各个小动物的照片都贴上标签，如“猫”“狗”“猪”……这些标签就是“正确答案”，机器通过不断学习后，便可以在新的照片中认出各种小动物。

这种机器学习的方法效果很好，通过学习后，机器能够很准确地找到“正确答案”。但想让机器使用这种方法学习，我们需要在大量的学习资料上打标签，告诉机器“正确答案”，这样做是非常耗费精力的。

相比于有监督学习，无监督学习更省力一些，因为我们不需要在学习资料上打标签，不必告诉机器“正确答案”。当然，使用这种方法学习的机器，可以轻松地将同一类小动物分类到一起，但它并不知道这几类小动物都是什么。也就是说，机器可以将几只小狗和几只小猫区分开，但却不知道哪边是小狗，哪边是小猫。

强化学习是一种更高级的机器学习方法，使用这种方法学习，机器将会获得更高的智能。在面对多变的状况时，它们知道在什么状态下应该采取什么行为。很快，那些进行过强化学习的智能机器人，很可能会变身游戏高手，坐在计算机前与我们展开游戏竞技。

听上去机器学习好像很简单，但实际上，一个完整的机器学习过程，需要经历数据收集、数据准备、选择模型、训练、评估、参数调整、预测共七个步骤。只有做好前面六个步骤的准备工作，机器才能在最后一个步骤中真正发挥作用。到了那时，我们只要拿出一张动物照片让它识别，智能机器就能迅速说出这只动物的各种信息。当然，这只是机器学习可以带来的一小部分价值而已。

无论是机器还是人类，学习都是一项重要工作。现在机器正在不断学习之中，为了不被机器超越，我们也需要不断学习。

五 深度学习，“天天向上”

导读站

如果人们学习汉字总是需要老师一个一个教，那么学习的效率就太低了。是否有一种方法可以让我们自己认识更多汉字呢？在人类没找到好方法之前，机器已经找到了一种好的学习方法，运用这种学习方法学习的效率很高，学习效果也很好。这种学习方法便是“深度学习”。

AI小讲堂

深度学习也是一种机器学习方法，其最初源于人工神经网络的研究，但与传统神经网络不同，它更像传统神经网络的升级版本。

简单来说，深度学习就是用人类数学知识和计算机算法建构起来的整体架构，在尽可能多的训练数据和计算机的大规模运算能力的帮助下，去不断调节内部参数，使其尽可能逼近问题目标的一个建模方式。

这个整体架构就像纵横交错的水管网络，这个水管网络有很多层，每一层都有多个可以控制水流流向和流量的调节阀。

根据具体任务的不同，需要用到的水管网络的层数和调节阀的数量也会有所不同。完成简单任务可能只需要调用一层水管，调节一个调节阀；完成复杂任务可能要调动成百上千层水管，成千上万个调节阀。

当一个汉字从入口进入水管网络时，这个汉字会变成由“0”和“1”组成的数据水流。在水管网络的另一头，有数不清的出口，我们需要在其中的一个出口处立一个牌子，标示从入口进入的这个汉字。

当这个汉字在水管网络中一路漂流，快要抵达出口时，我们需要在出口处观察，观察这个汉字是否从我们选定的出口流了出来。如果是从这个出口流出，那就说明这个水管网络是符合要求的；如果不是从这个出口流出，那我们就要去调节水管网络中的每一个调节阀，以确保这个汉字从我们选定的出口流出。

我们可以凭借计算机超高的运算速度和优化的算法，调节好各个调节阀，来确保这个汉字从我们选定的出口流出。在完成这个过程后，我们还需要用同样的方法让更多汉字，从更多我们设定的管道出口流出来。

需要注意的是，每调整一次调节阀，都会引起水管网络中水流的流向和流量的变化。在这一过程中，我们不仅要保证新增加的汉字从预定出口流出，还要保证以前进入的汉字继续从原来设定的出口流出。这种操作同样是复杂的，只能依靠计算机运算能力和算法来完成。

如此反复操作后，越来越多的汉字在进入水管网络后，都可以从我们设定的出口流出，这时候，这个水管网络就算是一个“被训练好”的深度学习模型了。接下来，我们就可以利用这个深度学习模型来识别汉字了。

当一个汉字从水管网络入口进入后，机器只要观察它从哪个管道出口流出，并看好那个管道出口处立的牌子，就能知道这个汉字是哪个字了。前面的一系列操作可以看作对机器所做的训练，而当训练做得足够多后，机器便可以自己认出每一个汉字了。

识别汉字只是深度学习的其中一项能力，因为拥有很多神经网络层数，理论上来说，深度学习可以影射到任意函数。这就是说，它不仅可以将汉字变成数据水流，还可以将生活中的许多具体问题变成数据水流，如下围棋、打游戏等，所以很多生活中的复杂问题都可以依靠深度学习交由机器去解决。

AI说

深度学习的效果取决于可依赖的数据量大小，用于训练的数据量越大，它的表现也就越好。这和我们的学习一样，只有知识量积累到一定程度后，才有可能在多种方法中找到最好的方法去解决问题。机器学习需要积累知识，人类学习更需要积累知识。

六 “人工神经网络”，人工智能的大脑

导读站

当我们饿得浑身无力时，突然看到餐桌上摆着一块巧克力蛋糕，咽了咽口水后，我们朝着餐桌走去。

在这一过程中，我们大脑中的神经元进行了激烈的辩论，每一个参与的神经元都发表了自己的见解。由于神经元不同，它们发表见解的方式也有所不同，虽然它们的意见经常相左，但在最后，这些意见会汇总成一个明确的概念，这一概念促使我们展开行动——“咽了咽口水，朝餐桌走去”。

AI小讲堂

直到现在，人类科学家依然没有搞清楚大脑神经网络的全部秘密。但这丝毫没有影响科学家们用“人工神经网络”去模拟人脑神经网络，帮助计算机提升智能。

人工神经网络是一种应用类似于大脑神经突触连接结构进行信息处理的数学模型，其由大量节点相互连接构成。人工神经网络研究的最初目标是用和人类大脑相同的方式去解决问题，但随着研究进程的推进，以及人工智能技术的发展，科学家们开始将人工神经网络应用到了各种任务之中。

人工神经网络可以帮助人类完成许多不同类型的工作，不同的人工神经网络所发挥的作用也是不相同的。

识别图像是人工神经网络的一项主要功能，现在许多互联网公司都推出了自己的软件识别程序，通过一些独特的算法来给我们发布的图片分类，并贴上标签。

例如，当我们在识图网站上传一张图片后，网站便会运用神经网络技术，给图片贴上标签，用以表示它从图片中看到了什么。如果我们上传一张黑色猫咪的图片，网站为它贴的标签就可能有“黑色”“猫咪”“睡觉”等。

深度学习中的卷积神经网络最擅长的就是图片处理，它能将大数据量的图片降维成小数据量，方便计算机分析处理，还能有效保留图片的特征，帮助计算机更好地识别图像。

当我们使用手机“刷脸”，完成解锁、支付等功能时，发挥作用的正是卷积神经网络。除此之外，卷积神经网络还可以被用来对图像进行分类、检索，对图像中的目标进行精准定位，以及识别我们身体的关键骨骼，进而追踪骨骼的动作。

循环神经网络也是深度学习中的一种典型算法，它最擅长的是对序列数据进行有效处理。如果说卷积神经网络模仿的是人类的视觉功能，那循环神经网络模仿的就是人类的记忆功能。

在语文课中，如果遇到结合前后文填空的题，交给循环神经网络来处理就好了，这正是它的“拿手绝活”，它可以通过上下文来预测空格中的词汇，完成文本识别任务。英文课中的“看图作文”题也可以交给它来完成，因为它可以用文字来描述图片的内容。

当前，人工神经网络已经在很多领域得到应用，但科学家们需要研究的难题还有很多，“如何让人工神经网络更贴近人类大脑神经网络”，这是在较长一段时间里，科学家们时刻要面对的问题。

AI说

人类的大脑拥有最为神秘、最为先进的神经网络，对于现在的我们来说，多看书、多思考，开发好自己的大脑，就是最好的“科学研究”。

七 专家系统，专家教你做作业

导读站

我们在生病难受时，需要去医院挂号让医学专家诊断；我们想要修车时，则要到修理店让修理师傅帮忙；我们想要学习舞蹈时，也要找一位优秀的舞蹈老师教学。这些人都是不同领域的专家，他们的知识与经验可以帮助我们解决相应问题。

但每当有事时就去“面见专家”，也是一件很麻烦的事情。有没有一种系统能把所有专家的知识和经验汇总在一起，让我们想什么时候咨询就什么时候咨询呢？

AI小讲堂

专家系统就是这样一种系统，它是一种在特定领域内具有专家水平解决问题能力的程序系统。能够有效运用专家多年来积累的有效经验和知识，模拟专家的思考过程，解决那些只有专家才能解决的问题，是人工智能研究的重要应用领域。

这就好像古装武侠剧中，武功高强的前辈将自己毕生功力全部传给后辈一样，后辈在继承了前辈的功力后，变得和前辈一样厉害。

一个完整的专家系统由人机交互界面、知识库、推理机、解释器、综合数据库和知识获取六个部分构成。

知识库是专家系统的“仓库”，用来储存专家的知识和经验。知识库中专家知识的质量和数量，决定着专家系统的水平。当然，专家系统的知识库并不是一成不变的，我们还可以通过引入更多专家来充实知识库，提高专家系统的水平。

推理机是专家系统的“分拣员”，主要负责针对当前问题的条件和已知信息，反复匹配知识库中的规则，来获取新的结论，以给出问题的答案。

知识库再大，也要依靠推理机来实现自己的价值，没有人分拣货品，仓库中堆放再多货品也没有意义。从这一点来看，推理机就像专家解决问题时的思维方式，它与知识库结合，就能比得上一个活生生的专家了。

除了知识库和推理机，专家系统的其他部分也发挥着各自的作用。

人机交互界面是我们访问专家系统的窗口，我们需要通过这个窗口输入信息，获取结果；综合数据库是专家系统的暂时储存区，可以存储各种临时性文件；解释器可以解释我们和专家系统的语言，让我们与专家系统更好地沟通；而知识获取则是获取、扩充、修改知识库内容的手段，其也决定了专家系统知识库的质量。

近年来，专家系统已经逐渐走向成熟，并被广泛应用在工程、医药、科学、军事、商业等领域，取得了相当丰硕的成果。在一些特殊领域，专家系统所给出的结论甚至比人类专家更准确。

可以预见，伴随着人工智能的进一步发展，专家系统也将插上双翼，越飞越高，取得更多、更辉煌的成果。

AI说

专家系统的研发经历了多个不同阶段，最初的专家系统既不“实用”，也不“智能”，但在一步步试错、一次次尝试、一点点积累后，今天的专家系统已经具备了一定的“智能”，成了某些领域真正的专家。

“不积跬步，无以至千里”，科学研究如此，我们的学习生活更应如此。

第三章 人工智能都会做什么

- 与机器交流，人机交互新体验
- 图像识别，认出你的脸
- 语音识别，听懂你的话
- 虚拟与现实，哪个更真实
- 文本挖掘，找到数据的价值
- 语音合成，不见其人而闻其声
- 机器翻译，语言学习的好帮手
- 情感分析，了解你的喜怒哀乐

一 与机器交流，人机交互新体验

导读站

“人工智能都可以帮我做什么？”小明向学习人工智能专业的大哥提出了自己的疑问。

“能做的可多了，如图像识别、语音识别、文本识别……这些工作我们人类虽然也能做，但现在做得可没有人工智能好。”小明的哥哥回答道。

“那我们的工作都要被人工智能抢走了吗？”小明有些紧张地问道。

“不会，通过人机交互，我们可以与人工智能机器进行‘交流’，如此人工智能就会帮助我们更好地工作。”小明的哥哥解释道。

“人机交互？这又是什么？”小明困惑地继续追问。

AI小讲堂

人机交互是一门研究系统与用户之间交互关系的学问。

从其发展历史来看，最初阶段的人机交互主要是人学着去适应计算机，如我们要学习计算机语言，才能向计算机下达指令，与计算机进行交流；但到了现在，人机交互已经变成计算机不断适应人类的需要，它们需要认清人类的文字，听懂人类的语言，读懂人类的表情。

看上去这种转变似乎有些困难，但近几十年来，伴随着人工智能技术的发展，人机交互界面变得越来越自然，人机交互也已经变得非常智能。

所谓人机交互界面，指的就是人类与计算机沟通交流的窗口和介质。

在计算机出现之初，命令行界面是人机交互的主要界面，我们只能在漆黑的计算机页面中输入一行行代码，与计算机进行交流；当计算机发展到一定阶段后，图形用户界面开始成为人机交互的主要界面，我们可以单击计算机屏幕上的各种图标、图形，来与计算机进行交流。

当人工智能技术介入人机交互领域后，触摸交互界面和三维交互界面慢慢成为人机交互的主要界面。当前，人机交互技术的发展方向主要有触控技术交互、声控交互、动作交互、眼动交互、虚拟现实输入和多模态交互等。

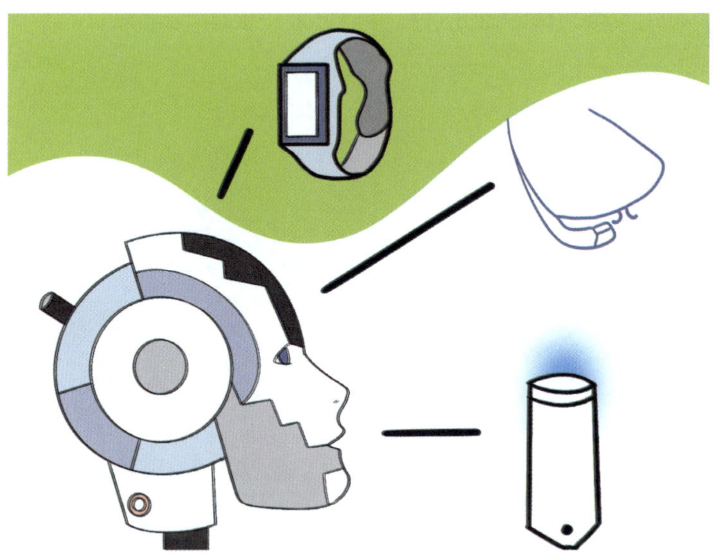

不知从何时开始，手机上的按键已经全部消失，一部智能手机只剩下光滑的镜面，我们只要触摸镜面上的内容，便可以自由操控手机。这便是人机交互中触控技术的应用。

夜晚入睡之前，想要拉上窗帘，我们只要对着智能音箱说几句话，智能窗帘就会自己动起来。到了早上，同样在我们下达指令后，智能窗帘又会自动打开。这便是人机交互中声控交互技术的应用。

2014年，一位14岁的高位截瘫小男孩完成了巴西世界杯的首开球，高位截瘫的他是如何实现这一操作的?

答案是脑机接口，这也是人机交互的一个重要研究领域。如果我们可以通过思考控制所有的计算机和数字设备，就可以实现人机互动，而不需要再多说什么，这意味着什么？

我们只要动脑想一想，机器便会遵从我们的想法去进行某项任务或活动，这对那些长期瘫痪的人来说无疑是天大的好事。机器将成为他们的双手、双脚，将让他们重新具备运动的能力。

这对于科学家开展恶劣环境下的探索研究，也会有很大的帮助。科学家只要把自己的想法传递给智能机器，这些智能机器就可以潜入深海，飞向宇宙，如此人类的科学研究进程将会更上一层楼。

人机交互对于我们而言，又有哪些意义呢？当智能机器可以理解我们的思想时，我们是不是多了一个心意相通的朋友？

二 图像识别，认出你的脸

导读站

“大晴，你在这儿摆弄什么呢？”大晴爷爷看着孙子奇怪的举动，纳闷地问道。

只见大晴正襟危坐，手里端正地捧着手机，似乎正在找一个好角度。过了好一会儿，大晴才吁了口气：“爷爷，我正在进行人脸识别认证呢。”

“识别啥人脸，”爷爷更疑惑了，“你那个手机，不是指纹解锁的吗？”

大晴笑着说道：“爷爷，指纹解锁已经过时了，现在进行认证都要人脸识别，这可比指纹解锁安全多了。”

爷爷摇了摇头：“我是跟不上时代的变化了，刚学会了指纹解锁，人家又已经用人脸解锁了。”

大晴赶紧说道：“爷爷，您的指纹解锁还可以用，我这个人脸识别是绑定支付软件用的，我给您讲讲啊……”

AI小讲堂

图像识别一直是人工智能的重要领域，它是指人们利用计算机，对图像进行处理、分析和理解，然后识别各种不同模式的目标和对象的技术。

人的图像识别能力是很强的，我们可以回忆一下，当同学在我们身上写字时，我们是不是能识别这个字？当我们看口型时，是不是能分辨出对方想说的是什么？图像识别也是如此，它就相当于人类的视网膜和神经网，能感应到接收的图像，并对其进行反应。

图像识别的发展，经历了文字识别、数字图像处理与识别、物体识别三个阶段，现阶段的图像识别技术，主要用在人脸识别与商品识别上。

思考一下，我们身边有哪些技术用到了人脸识别和商品识别呢?

我给大家举个例子，乘坐地铁、火车、飞机时的安全检查与身份核验就用到了人脸识别技术，还有“导读站”中大晴使用的支付功能，也用到了人脸识别技术。而无人货架、无人超市等，则是使用了商品识别技术，以便验看有没有未支付的商品被带出超市。

图像识别是以图像的主要特征为基础的。每个物品都有自己的特征，如香蕉是黄色的，月牙形；甜甜圈是圆的，中间有个洞；易拉罐的颜色、商标不同，罐身造型也不相同。

跟上述物品相比，人类的形象更为复杂。大家不妨回想一下身边的人，并尝试说出他们的特征，相信每个人都有很多与其他人不同的地方。所以，人脸识别从理论上来说，要比其他物品的识别更加容易。

图像识别技术与指纹识别其实是相似的，它的运作方式是，先用手机、计算机等电子设备上的摄像头工具拍下使用者的面部，然后再用电子设备里安装的软件进行记忆。待使用时，摄像头会根据当前的图像或存储的图像，来判断使用者的身份。

AI说

仔细观察一下，火车站、飞机场安检通道处是不是多了很多人脸识别的智能机器？正是在它们的帮助下，安检工作才能高效、迅速地完成。

三 语音识别，听懂你的话

导读站

“小度小度，查找《彼得·泰尔传》。”

“天猫精灵，芝麻开门！”

“高德高德，附近的加油站。”

……

周日上午，圆圆一家出门郊游，爸爸开车，妈妈坐副驾驶，圆圆和爷爷奶奶坐在后面。路上，圆圆一直跟各种App聊天，奶奶看得十分惊奇。

“圆圆，你跟它说话，它就能回答你？”奶奶问道。

“当然，”圆圆得意一笑，随即对手机发出了指令，“小爱同学，小爱同学，讲个笑话来听听。”圆圆刚说完，他的手机就讲起笑话来。

爷爷奶奶看着圆圆跟手机机器人用语音聊天，脸上不禁露出了惊奇的神色。

AI小讲堂

在人工智能领域，还有一个技术被人们广泛应用在各个场景，这个技术就是语音识别技术。语音识别技术在近二十年内取得了相当显著的进步，而且实现了市场化普及。

小朋友们，语音识别技术这门学科不同于我们学习的语文、数学等，它不是一门单一的学科，而是涉及数个领域的交叉学科。在未来十年内，语音识别技术将广泛应用于汽车、家电、通信、工业、医疗等领域。

根据识别对象的不同，语音识别技术又可分为孤立词识别、关键词识别和连续语音识别三类。大家可能觉得这三个词有些晦涩难懂，实际上，我们身边很多东西都用到了这三类语音识别技术。

孤立词识别指的就是识别机器已知的词语，如“开机”“关机”等。

关键词识别指的是将一段话中的关键词检查出来，如“讲笑话”“搜歌曲”“找加油站”等。

连续语音识别指的是识别一段连续的语音，但它并不能识别全部文字，只能通过检测若干关键词来“理解”用户的话，并根据这些关键词做出回复。

语音识别技术的应用领域也非常广泛，我们在生活中常见的语音识别技术应用系统可分为语音输入系统、语音控制系统和智能对话查询系统。

语音输入系统在社交软件中的应用较为广泛，如爷爷奶奶在用微信时，喜欢用语音转文字功能，这种功能使用的就是语音输入系统了。相比传统的键盘输入，语音输入更简单高效，也更符合人们的日常生活习惯。

语音控制系统就是我们前面提到的一些指令，如对手机下达“开机”“关机”“搜索”等指令。

智能对话查询系统则广泛应用于订票服务、银行服务、通信服务、股票查询服务等。例如，爸爸妈妈们拨打服务电话时，对面会自动进入智能对话界面，在智能对话无法解决问题时，爸爸妈妈才会选择人工服务来解决问题。

AI说

现如今，语音识别技术主要存在以下几个问题。

1. 语音信息量问题。现阶段的语音识别技术尚不支持大量的语音识别。

2. 语音的模糊性。语音的模糊性在中文语音和英文语音中都是很常见的，现阶段的语音识别技术只能识别普通话，或语音库里录入的一部分方言。

3. 环境噪声干扰。噪声对人声有严重影响，现阶段语音识别技术的识别率依旧偏低。

四 虚拟与现实，哪个更真实

导读站

“小明，你头上戴的那个是啥？”浩然感觉十分新奇。

原来，小明邀请同学浩然来家里玩游戏，但一进家门，小明就戴上了一个像护目镜的东西。

“浩然，先别问，”小明拿出另一个机器给浩然戴上，“你来感受一下。”

浩然戴上后，说道：“哇！这也太酷了吧！”

浩然戴上那个机器后看到的是一片浩瀚的旷野，仿佛自己真的身处其中。这时，小明的声音在他旁边响起：“怎么样？这是VR眼镜，比3D电影可酷多了，虽然这玩意儿是虚拟的，但是不是比现实更真实？”

AI小讲堂

同语音识别技术一样，虚拟现实技术也是一门具有挑战性与前沿性的交叉学科。

虚拟现实技术（VR）主要包括对环境的模拟、感知，除生成的视觉感知外，它还包含了听觉、触觉、力觉、运动、嗅觉和味觉的感知。同时，虚拟现实技术能反馈人体头部、眼睛、四肢的动作，还能反馈用户的五官。由于虚拟现实技术能广泛应用于人们的生活，所以，科学家们也在不断开发虚拟现实技术。

小朋友们，下面我们就一起来看看，虚拟现实技术都能应用到生活中的哪些场景吧！

1. 医学方面

在虚拟环境中，医生可以尽情训练自己的医术，因为这里的患者虽然是虚拟的，但它们的身体结构却与真人无甚差别。而且，医生们还可以使用虚拟的外科工具，如手术刀、注射器、手术钳等进行手术模拟，这也能极大地促进医学的进步。

2. 娱乐方面

由于人们在娱乐方面对VR的真实感要求并不算高，所以这几年来，虚拟现实技术在此方面的发展最为迅猛。人们可以在家里使用虚拟现实技术弹奏乐器、跳舞、冒险、闯关，这也能极大丰富人们的娱乐生活。

3. 军事航天方面

虚拟现实技术可提供的模拟训练，一直是军事领域与航天领域的一个重要课题。我们利用虚拟现实技术还可以模拟零重力环境，从而帮助宇航员们进行训练。

4. 室内设计

虚拟现实技术不仅是个演示媒体，它还是个设计工具。虚拟现实技术可以把设计师脑海中的想法变成大家都能直观看到的景象，在这个虚拟的房间里，你可以任意变换自己的位置，这既节省了时间，也节约了做模型的费用。

5. 应急推演

“防患于未然”一直是各行各业的口号，尤其是具有一定危险性的行业，如消防、电力、石油、矿产等行业，更需要时时进行应急推演。虚拟现实技术可将事故模拟到虚拟场景中，这不但能降低成本，还能提高人们正确应对灾难的技能。

6. 文物古迹考察

利用虚拟现实技术，人们可以将文物的展示与保护提升到一个新高度。人们既可以建立文物的三维模型数据库永久保存这些濒危的资源，也可以通过这些技术来提高文物的修复精度，从而实现文物展示和保护的现代化。

小朋友们，你们觉得虚拟现实技术还能应用到哪些方面呢？

AI说

科学家们仍然在不断开发虚拟现实技术，因为虚拟现实技术的研究对人工智能的发展具有重要意义。小朋友们，你们只要好好学习文化知识，树立远大理想志向，将来就能在人工智能领域扬帆远航！

五 文本挖掘，找到数据的价值

导读站

看着络绎不绝的人群，两个大学生在火车站前讨论起来。

大学生小清说道：“每次到春节时，买火车票离开一线城市的人就会明显增加。”

大学生小海应和道：“是啊，这些人都是回老家的，因为要和家里人一起过春节。”

小清和小海谈论的内容是很容易理解的，只要稍有常识，就能很容易推导出来。但还有一些数据内容并不那么容易理解，如每到国庆假期，人们使用iPad购物的比例都比平时高。这是为什么呢？

AI小讲堂

为什么在国庆假期人们使用iPad购物的比例要比平时高？想要解决这个问题，我们可能需要花费一段时间调查走访、搜集资料。但依靠人工智能的文本挖掘技术，我们就可以在较短的时间内获得一些有价值的信息，来解决这一问题。

文本挖掘又被称为“文本数据挖掘”，是从文本中获取高质量信息的过程，通过从数据文本中寻找有价值的信息，来发现或解决一些实际问题。

这就像我们在做作业时查找资料一样，如果我们在做语文填空题时，不知道诗文的下一句是什么，翻开课本查找对应的诗文，就能从中获得有价值的信息。查字典也是如此，我们通过一定的规律方法，便可在厚厚的字典里查找到自己想要寻找的汉字。

只不过，相比于手动查字典，人工智能的文本挖掘技术显然要高效很多。一般来说，一个完整的文本挖掘过程包括数据收集、数据预处理、数据挖掘和可视化、模型搭建和模型评估等步骤。

数据收集就是获取或创建文本数据资料库。从网络上下载文字内容或从书籍中摘录文字内容都可以。

数据预处理指的是在原始文本数据上进行预处理，为文本挖掘做准备。这一步也可以被细化为多个步骤，它们有的对当前文本挖掘任务有用，有的环节则没用，需要注意区分。

数据挖掘和可视化是探寻规律的重要步骤。无论面对什么样的文本数据，我们都要将其整理成可理解、可应用的数据。

模型搭建是文本挖掘的主要步骤，包括训练和测试两个环节。根据不同的应用途径，我们可以选择语言模型、序列模型和机器学习分类器等不同模型进行搭建。

模型评估主要是对模型是否达到标准进行评估。不同类型的文本挖掘有不同的度量标准，即使不打算生成模型，我们也有必要对模型进行一定的评估。

以上几个步骤构成了文本挖掘的整个过程，在具体操作时，我们除了要按照这些步骤进行外，还需要使用一些特定的方法。常见的文本挖掘方法主要有关键词提取、文本摘要、聚类、文本分类、文本主题模型、观点抽取和情感分析。

其中，关键词提取就是对长文本内容进行分析，而后输出能够反映文本关键信息的关键词。现在很多互联网文章都有关键词提示，通过这些关键词，我们便可以大致了解文本所表达的内容。

而观点抽取则是对文本进行分析，抽取核心观点，并判断正负评价的方法。一些电商平台、美食平台、酒店平台的评论，都使用了观点抽取的方法。

从应用角度来讲，我们在电商网站浏览商品或是在阅读网站观看小说后，这些网站会向我们推荐一些相似的商品或小说，这正是人工智能文本挖掘的典型应用。

伴随着社会的发展，数据信息会变得越来越多，当这些数据信息多到我们难以应对时，利用人工智能进行文本挖掘便成了一条解决问题的捷径。

六　语音合成，不见其人而闻其声

导读站

在动漫《名侦探柯南》中，变声蝴蝶结是柯南破案的关键道具，通过这一小小的蝴蝶结，柯南可以将自己的声音转换成其他人的声音，在不暴露自己的情况下，巧妙道出案情。

谁能想到，这种在动漫里能够模拟各种人声的小设备，将在人工智能技术的帮助下，出现在现实世界之中。

AI小讲堂

现在，只要我们在智能手机的变声程序上简单操作，然后对着智能手机说一句话，这句话就会以我们想转换成的声音表达出来。在这种变声程序背后，发挥作用的正是人工智能的语音合成功能。

语音合成就是人类语音的人工生成，可以依靠软件和硬件产品来实现。简单来说，语音合成就是让机器模仿人类说话。

机器在收到一段文字后，首先会拆解这段文字，这就和我们拆解文字的偏旁部首来学习文字发音一样；而后，机器需要知道哪些字能够组成一个词，读时应该一起读；最后，机器还需要模仿人类的说话习惯、发音特色和口音特点，让自己说出的话更像人类的声音。

想要做到这一点，机器必须要进行长时间的训练和学习。它们需要听大量的语音材料来学习发音技巧；需要学习一些语法和韵律来把握说话的语气和语境。这两方面工作做得越到位，机器说出的话语就越像人类。

如果我们在平时使用地图导航软件比较多，就会发现现在的导航软件中出现了很多名人语音，每到一个路口，“名人们”都会提醒我们小心慢行，有时候还会及时向我们通知前方道路的最新情况。

难道这些名人随时都在“跟踪”我们吗？当然不是，这是导航软件开发者利用语音合成技术来实现的，名人们只要简单说几句话，让机器“学会”了他们的发音，就不再需要他们参与剩下的工作了。

得益于深度学习技术，近几年，科学家在语音合成方面的研究取得了较大进展。

以文本处理为例，在一个语音合成系统中，文本处理处于最前端，主要对输入文本进行数字、符号的处理，完成分词断句以及多音字处理等工作。借助于深度学习技术，利用海量的文本数据和统计模型，现在的语音合成系统已经基本可以满足大多数场景下的商业应用需求。

再进一步，语音合成系统还可以用于预测句子的焦点、情绪、语气和语调，届时语音合成系统将会表现得更像人类。到时候，我们听到的机器读书声就会变得和真人读书没什么区别了。

现在，语音合成技术已经在语音交互、阅读教育、泛娱乐等多种行业领域中取得成功，随着语音合成技术的发展，其将被应用到更为广泛的行业领域之中。那时，机器所说出的话也将变得更标准，更生动，更富有感情。

AI说

机器都已经把人类语言学得这么溜了，我们怎么能落在后面呢，好好学一些科学文化知识，不要被智能机器甩在后面。

七 机器翻译，语言学习的好帮手

导读站

一些时候，使用互联网网站的自动翻译功能，可以将原网页内容翻译成我们看得懂的语言。但这种网页翻译的准确率却实在让人难以恭维，虽然整体意思翻译得不错，但在细节处却有各种各样的错误。

难道这就是人工智能做到的机器翻译吗？就凭这种表现其怎么能够充当我们语言学习的好帮手呢？

AI小讲堂

很多人对机器翻译存在误解，认为机器翻译的偏差太大，没办法帮助人类有效解决问题。这是显而易见的问题，但也是机器翻译很难攻克的问题。

机器翻译是计算机将自然语言转换为另一种自然语言的过程，是计算机语言学的一个分支，也是人工智能研究的终极目标之一。从实用角度来说，机器翻译技术在促进国际政治、经济和文化交流等方面正变得越来越重要。

机器翻译技术的发展主要经历了三个阶段：第一个阶段是词典匹配，即计算机依靠电子词典完成自然语言翻译；第二个阶段是词典结合专家知识，即让电子词典在了解语言学家的知识规则后，再进行自然语言翻译；第三个阶段则是基于语料库的统计机器翻译，通过数据学习，来提高机器翻译的水平。

虽然机器翻译技术提高了翻译的质量，但它的表现依然没有让所有人满意，这正是因为前面提到的，机器翻译还有一些很难攻克的问题。

首先，机器翻译面临的第一个难以攻克的问题是译文选择问题。由于语言中一词多义现象的存在，所以机器在翻译一个句子时，会面临较多的选词问题。

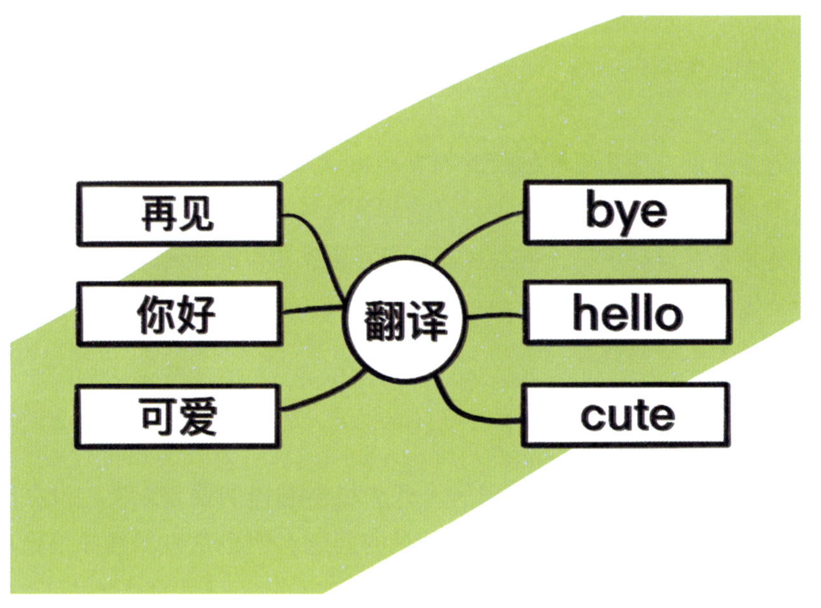

例如，一个句子中如果有“看”这个词，将其翻译成英文就有“look”“watch”“see”“read”这几种选择。究竟选哪一个词，需要知道“看”的宾语是什么，也就是说，机器翻译系统只有知道后面的宾语时，才能做出正确的译文选择。

其次，机器翻译面临的第二个难以攻克的问题是词语顺序的调整。由于各国语言文化的差异，在表达同一种情况时，语序排列会有所不同。

例如，在表述“我吃饭”这句话时，中文的语法就是“主谓宾”，即“我吃饭”；而日文的语法则是“主宾谓”，即“我饭吃”。对于机器来说，这种短句子还容易调整语序，一旦遇到长句子，语序调整的难度就会骤然增加，机器就会陷入困境之中。

机器翻译面临的第三个难以攻克的问题是数据过少。现在人类的语言多达几千种，但常用的语言却并不太多。机器翻译能力的提升需要依靠大数据，只有经过大量数据的训练，才能更好地完成翻译工作。

但现在的情况是，在全球范围内，中文和英文是使用较多的语言，与之相关的数据资源是相对丰富的，而其他语言与中文之间的互译数据却不多。缺少训练用的数据，这也是机器翻译发展较慢的一个原因。

现在，在统计机器翻译之后，结合了深度学习和大数据技术的神经网络翻译迅速崛起。应用了这种技术后，机器翻译的质量获得进一步提升，虽然还没有达到完美境地，但却也是未来可期的。

AI说

机器翻译技术发展到一定程度后，是否会取代翻译人员，在翻译领域一骑绝尘呢？这是个值得好好思考的问题。

八 情感分析，了解你的喜怒哀乐

导读站

在电影《2001太空漫游》之中，机器人HAL9000可以说是一个极具魅力的角色。作为一个人工智能的产物，它像人类一样具有鲜明的性格特征，有着自己的优点，当然也存在着一些缺点。当面对一些让自己不开心的事情时，这个机器人就会发脾气，甚至想要离开人群自己去静一静。

正是这些情绪的展现，观众才被这个多愁善感的小家伙深深吸引。

AI小讲堂

人工智能可以像人类一样学习、工作，为什么不能像人类一样拥有情感呢？这一问题正在困扰着许多科学家，他们正在想办法让机器人拥有如人类一样的情感，但从现阶段来看，想要实现这一点还是有些困难的。

现阶段，一些人工智能程序可以对人类的低级程序进行简单模拟。我们看到过会大笑的机器人，也看到过会发怒的机器人，这些机器人正是通过人工智能技术模拟了人类的低级情绪，但对于人类的高级情绪，至少在现阶段，人工智能程序是没办法模拟的。

虽然现阶段的人工智能还没办法完全模拟人类情感，但在情感分析方面，人工智能却取得了较大成果。

情感分析技术主要是从评论的文本中提取评论实体，以及评论者对该实体表达的情感倾向。与其他人工智能技术相比，情感分析具有一定的特殊性。

在人工智能技术中，客观数据是人工智能进行分析和预测的基础，但情感分析技术对客观数据的依赖性并不高，而是更多地受到强烈的个人主观因素的影响。

当然，这并不是说情感分析技术不需要依靠客观数据，在基于机器学习的情感分析模式中，客观数据还是很有价值的。

将机器学习的方法运用到情感分析之中，第一步要根据训练数据来构建算法模型，第二步则要将测试数据输入算法模型，输出对应结果。

举例来说，电商平台的商品评论除了文字评价外，还有一个星级评定，从0星到5星，在训练情感分析算法模型时，可以将1、2星标记为贬义，3星标记为中性，而4、5星标记为褒义。在完成这一步后，我们还需要将商品名称、属性名称同样进行标注，这样当有人评论该商品时，我们便可以看到其情感输出的结果。

整个流程听上去很简单，但其实是相当复杂的。人类的情感本就是多种多样的，再加上人类表达情感的方式又各有不同，因此机器想要完成对人类情感的分析、识别和计算更是难上加难。

虽然情感分析技术还有许多难点要突破，但科学家们已经为这项技术设计好了多种应用场景。

例如，在医疗康复领域，情感分析技术可以帮助自闭症患者识别其情感变化，帮助医生更好地理解病患的行为，从而对他们进行更好的治疗。

老师在课堂教学中应用情感分析技术，可以随时采集和分析学生的学习状态，更好地选择教学内容，合理安排教学课程。当然，上课心不在焉、嬉皮笑脸的同学，也会被情感分析“当场抓获”。

AI说

情感不仅驱动着个人开展各种行为活动，还影响着人际互动和群体活动。在人与人的交往中，情感的交流还是一种重要的沟通手段。因此，研究拥有对情感的识别、分析、理解、表达的能力的智能机器，也就成了人工智能研究的一项重要工程。

第四章 人工智能时代已经到来

- 这些内容我都爱看
- 这家超市没店员
- 谁的家居更智能
- 城市的“智慧”在哪里
- 没有驾驶员的小汽车
- 工厂里都是机器人
- 智慧医疗，守护我们的健康

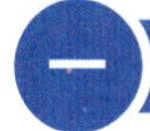

一 这些内容我都爱看

导读站

在日常生活中，你有没有过这样的经历：

拿起手机，打开音乐软件，推荐列表里都是你喜欢的音乐；用听书软件听了一本书，下一次就会被推荐一系列类似的书；打开购物网站，首页展示的都是自己想要买的或者曾经浏览的商品；打开短视频App，每一个视频都是你关注过的……生活的方方面面都有软件的自动推送。

这实在太奇怪了，若说商家懂用户心理我们可以理解，可这些软件是怎么知道用户的喜好，又是怎么做到为用户精准推送的呢？

AI小讲堂

其实，这些软件都是利用了如今在娱乐、自媒体和电子商务领域应用极为广泛的一种人工智能技术——推荐算法。

推荐算法，顾名思义就是通过一些数学算法推算出用户的喜好，是计算机技术中的一种算法。

早在推荐算法产生之前，个性化推荐的概念就出现了。1995年，在美国人工智能协会上就有学者提出了个性化导航系统和个性化推荐系统，这算是拉开了个性化推荐研究的帷幕。

有研究指出，科学家首先研究了应用于电影行业的推荐系统，当时美国明尼苏达大学的GroupLens研究小组想要针对用户进行电影的个性化推荐。

在实验过程中，研究小组成员先让用户对看过的不同类型电影进行打分，然后小组研究用户的打分结果，根据结果预测用户可能喜欢的电影类型，进而对用户进行推荐。

1998年，全球最大的电子商务公司亚马逊首先采用了这种推荐算法。亚马逊公司对每个用户的购买记录和浏览记录进行研究分析，并根据分析结果对每个用户进行可能感兴趣的相关产品推荐。

这样的个性化推荐让亚马逊公司的购物页面从所有人都是同一个界面变成了一个“千人千面”的百变界面，每个用户看到的界面都是系统根据用户喜好自动推荐、量身定制的。这不仅大大提高了用户满意度，还提高了用户的回购率，同时也直接推动了推荐算法的进一步发展和更广泛应用。

推荐算法发展到今天已经变得越来越精准，也越来越多样化，但是基本的推荐原理和推荐条件并没有太大改变。

（1）依据用户给出的关键字进行推荐；

（2）依据用户以往喜欢的商品或内容，找出相似商品或内容，推荐给用户；

（3）依据和用户有相似或相同兴趣喜好的人的选择来推荐；

（4）综合以上几个条件来推荐。

常见的推荐算法有基于内容的、基于协同过滤的、基于关联规则的、基于流行度或者基于几种推荐算法组合的等。我们来看其中的两种算法是如何进行推荐的。

1. 基于内容的推荐算法

这种算法的本质是基于用户的喜好和兴趣，根据以往用户喜欢的物品或内容的特征，考察物品或内容与用户的匹配度，从而进行推荐。例如，你从购物网站购买过《钢铁侠》的手办，那么网站就会在推荐的商品中加入《蜘蛛侠》《美国队长》等动漫的周边商品。

2. 基于协同过滤的推荐算法

这种算法是推荐系统中应用最为成功的技术之一。协同过滤推荐算法利用的是最近邻技术，这里涉及三个主体：一是全体用户，二是目标客户，三是目标客户的最近邻居用户。其首先利用全体用户对物品或者内容的评价，发现兴趣偏好相似的最近邻居用户群体，然后依据最近邻居用户对物品或内容的评价，来预测目标客户对于这些物品或内容的喜好程度，从而进行推荐。

例如，在一个电影播放网站中，目标客户刚看过《钢铁侠》和《蜘蛛侠》，而目标客户的最近邻居用户看过《钢铁侠》《美国队长》和《星球大战》，并且评价不错，那么算法就会向目标客户推荐《星球大战》。

推荐系统看似复杂，其实非常简单，就是把用户可能感兴趣的物品和内容找出来，然后进行推荐。本质上是在做人和物“匹配”的事情。

智能推荐算法更了解我们的需求，在购物、浏览信息时有助于我们快速找到所需的商品或内容，节约时间成本，提升消费体验。但是任何事情都有两面性，智能推荐算法的本质是投其所好，会一直推送人们感兴趣的内容，有时反而会占用更多的时间。所以面对智能推荐算法，我们需要加以克制，切勿沉迷。

二　这家超市没店员

导读站

2017年7月，阿里巴巴在第二届淘宝造物节上推出无人超市“淘咖啡”，使神秘的无人零售走入了人们的生活。

2017年7月8日，第一家无人超市落户杭州市中心，这使人们感受到了科技带来的便利。

顾客只需用手机扫码进入超市，全程自主选择商品，完成购物可以直接拿走商品，无须扫码，出门时系统自动识别所有商品，自动结算，顾客则以手机自动支付。

无人超市真正做到没有一个服务人员，且顾客买完东西可以直接拿走，省去了排队扫码支付的过程，真的是方便快捷。

AI小讲堂

近两年，无人超市的开设成为一个热门现象，从杭州第一家无人超市“淘咖啡”开业，到美国亚马逊的Amazon Go便利店，再到街边大大小小的无人商店，人工智能已经逐渐影响和改变了我们的购物方式。

那么这种购物方式究竟如何实现呢？怎么保证货品不丢失、结算不遗漏、支付无误差？

目前无人零售背后的技术大致分为三种：第一种以机器视觉、传感器融合、深度学习算法、生物识别等前沿技术为支撑；第二种利用无线射频技术来实现；第三种利用二维码来进行识别。

1. 机器视觉、传感器融合、深度学习算法、生物识别等前沿技术

这是目前最为先进的一种技术，下面介绍这种技术是如何支持整个无人购物过程的完成的。

（1）无人超市是如何“认出”顾客的？

其实从顾客进门开始，商店就知道顾客长什么样了，其利用门口的摄像头识别用户，依据一些深度学习网络形成了顾客的特征图。

（2）如何确定是谁拿走了商品？

顾客进门后需要下载一个相关的App，并且绑定账户，这个App会提供一个二维码，在顾客扫码后就可以获得顾客的信息，并精准定位顾客的位置，以生物识别技术监测顾客的动态。也就是说，顾客进入超市后，是随时随地被“盯着”的。而且无人超市的商品也都是“活”的。商店的商品都由货物系统管理，且置物架上安装有摄像头和压力传感器。在顾客拿取了置物架上的商品后，压力传感器一旦感觉到商品离开，就会通过蓝牙信标自动关联到离商品最近的顾客，此时顾客的虚拟购物车中就会出现该商品的名称，一旦顾客将商品放回原位，商品就会从虚拟购物车里被删除。所以在无人超市里顾客想要“蒙混过关”是不可能的。

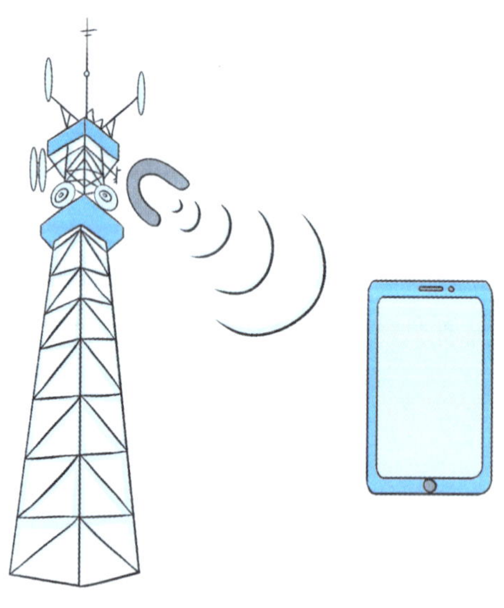

（3）如何实现无感支付？

顾客挑选完商品后，可以直接打包带走，无须掏出商品扫码，也无须使用手机支付，这让人产生一种白白得到商品的快感。这背后依靠的是门口的智能识别系统，当顾客带着商品穿过门口特定的区域时，该系统自动识别顾客和商品，然后自动从顾客App关联的账户中扣款，账单也会自动显示在App当中。

目前应用这种技术的代表是亚马逊的Amazon Go便利店，其打出的旗号便是“Just Walk Out”（拿了就走）。

2. 无线射频技术

无线射频技术的英文是Radio Frequency Identification，简称RFID。RFID具有非接触、阅读速度快等特点，是一种自动识别技术。

这种技术的工作原理是阅读器利用无线射频方式对电子标签进行读取。具体来说就是阅读器通过发射天线发送一定频率的射频信号，当射频卡进入天线的工作区域时，产生感应电流，并将自身的编码信息通过内置天线发送出去，阅读器接收信息后解码并发送到后台系统，最后由后台系统发出处理指令。

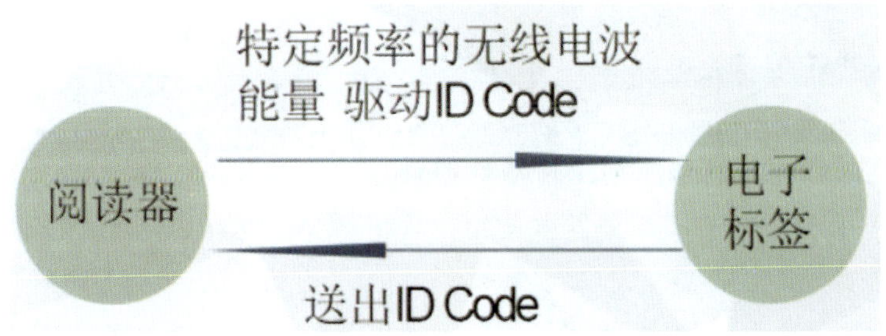

无线射频技术在我们的日常生活中随处可见，高速公路的电子收费、小区出入口的闸门、饭卡、汽车钥匙、身份证及各种证件的识别等。

这种技术在20世纪90年代兴起，现在已经是很成熟的技术，所以使用起来安全可靠。

无人商店就是利用了这种技术的特点，从而实现无感支付。

具体的原理也很简单，首先商家将RFID电子标签置入每个商品包装，当顾客挑选完商品，走入特定的扫描区域后，相应设备完成所有的信息读取和累计计算，由此完成自动支付。

RFID目前最适用于无人零售行业包装技术，但是也存在着成本较高、大量商品识别率低的缺点，所以并不适用于价值低的商品和散装商品。

目前像缤果盒子等无人商店利用的都是RFID。

3. 二维码技术

这种技术更为常见，但不能实现自动支付，主要原理是用设备识别商品的二维码，需要顾客逐一扫描商品条码，再用手机扫描付款码支付。其实就是由原来的收银员扫码验货，变成顾客自己操作。这种技术成本低，但是弊端是顾客体验远不如前两种。

AI说

目前来讲，机器视觉、传感器融合、深度学习算法、生物识别等前沿技术是在无人零售行业体验感最好的技术，同时也是成本最高的技术。

这些成本一部分是研发成本，另一部分是硬件成本。采用这种技术的超市需要大量的不同功能的摄像头和传感器等硬件设备。而且现在还无法保证完全不出差错，目前很多技术还在不断研究与改进当中。

尽管无人超市背后的技术还需要发展和完善，但是无人超市已然开辟了零售行业新的模式，成为一种新的购物方式。

科技引领潮流，科技改变生活，通过无人超市的建立，我们也许能对未来社会的发展模式与发展方向窥见一二。

三 谁的家居更智能

导读站

当你下班回家，走到家门口时，门上的人脸识别系统自动识别你的特征，自动打开门锁；当你走进客厅时，扫地机器人早已将地板打扫干净，窗帘自动闭合，灯光开启，空调自动打开并调节到适宜的温度；浴室中的热水器自动加热；你将脏衣服放进洗衣机，洗衣机自动选择洗涤模式，开始工作；当你洗完澡走出浴室，烤箱里也飘出了香味，吃完饭，你将碗筷放进洗碗机坐在沙发上后，自动投影降下，自动播放你上次未看完的节目；节目播放完毕，自动音箱提醒你到了运动时间，跑步机已经开启。

这样的家居场景，在不远的将来可能就会成为现实，这就是智能家居生活。

AI小讲堂

想要了解智能家居，我们需要先了解物联网。

物联网，本质是一种网络，其核心是“万物互联”，这一点从它的英文名字中可以更直观地看出来——Internet of things。

具体来讲，物联网的原理就是通过借助全球定位系统、无线射频技术、信息传感器、红外感应器等技术和装置，实时采集需要联动的物体的各种信息，通过网络实现物与物或者物与人的连接，从而实现对物体智能化的感知管理。

简单来说，物联网就是基于互联网等信息载体，将独立的物体形成互相关联并互通的一个整体。可以将它想象成各种物体以一根根的线连接在一起，就像一张无形的“网”，所以物联网的名称也是很形象了。

物联网的概念出现得很早，在1995年就被微软创始人比尔·盖茨写在他的《未来之路》一书中，但是当时因为受到技术条件的约束，比尔·盖茨的这一设想并未能付诸实践。随着互联网技术、传感器技术、纳米技术等的迅速发展，在比尔·盖茨提出此概念的十年后的信息社会世界峰会上，人们宣告“物联网”时代即将到来。

而智能家居就是物联网在家居生活中的典型应用和体现。

物联网可以将家里的各种设备（照明设备、窗帘、空调、音视频设备以及安防系统、通信系统等）互相连通，达到编程定时控制。可以实现照明控制、家电控制、电话远程控制、防盗报警等功能。智能家居可以分为智能单品和全屋智能，我们所说的智能家居一般指的是全屋智能。全屋智能的本质是一个综合的系统，包括家居布线系统、照明控制系统、环境控制系统、安防系统、控制管理系统等。单独实现某一个系统的功能并不能称为智能家居，能够实现综合的功能才能称为智能家居。

实现智能家居的必要条件有：家庭智能网关、智能设备、互联网络和控制中心。

家庭智能网关是智能家居的重要部分，可以实现信息采集、信息输入输出、集中控制的功能。智能设备有智能开关、智能插座、无线遥控等，相当于人体的各个部位。互联网络的作用是将各种设备连接互通。控制中心的形式主要是App。人们通过控制中心来对智能家居进行集中管控，点击按钮就可控制相应的设备。

如果把智能家居比喻成人的身体，家庭智能网关就相当于人的大脑，互联网络是遍布全身的神经血管，智能设备是身体的各个部件，控制中心就是大脑发出指令的开关。智能家居的原理就是各种智能设备通过互联网络被家庭智能网关统一成一个整体，再由控制中心进行统一管控，进而达到控制家中的照明灯、窗帘、热水器、空调等设备的目的。

智能家居控制模式一般有两种：本地控制和远程控制。

（1）本地控制。本地控制又可分为智能开关、无线遥控、主机控制。可以通过智能开关、遥控器等一键控制设备的开启和关闭。

（2）远程控制。采用手机、平板电脑等智能终端，在远离家的地方，通过网络对家居设备进行控制。

从控制方式上区分，智能家居的控制模式又分为定时控制、语音控制、感应控制、一键情景控制等。

AI说

智能家居目前能实现的功能很多，但远未达到真正的智能，还在不断的探索中前进，相信在不久的将来，在“导读站”中提到的案例场景就会真正出现在我们的身边，到那时我们就可以充分享受智能家居带来的舒适与便利。

四 城市的“智慧”在哪里

导读站

2020年10月13~15日，在中国北京举办的第六届全球超宽带高峰论坛（UBBF 2020）盛大开幕，本届论坛的主题为“智能联接，共创行业新价值”。让全世界携起手来，实现更好的连接、更好的体验和更好的商业增长，把数字世界带入每个人、每个家庭、每个组织，构建万物互联的智能世界！

全球超宽带高峰论坛是由联合国宽带委员会和华为公司联合举办的顶级产业盛会，旨在打造超宽带产业高端交流平台，促进产业共识和产业链各成员的商业合作，共建可持续发展的超宽带产业生态。

AI小讲堂

万物互联的智能世界是未来科技发展的目标与方向，现阶段，世界上许多城市已经开始运用物联网的理念打造新的城市运行模式，这就是智慧城市。

智慧城市是指利用各种信息技术，将城市的系统和服务互相连通，将城市变为一个依靠各种系统运转的智能整体，从而达到提升资源运用率、优化城市管理和服务，以及改善人们生活质量的目的。

通俗来说，智慧城市就是要给城市安装一个可以统一领导和指挥身体各部位的智慧的大脑。人的大脑需要各个神经和神经之间相连畅通，才能发挥最优的作用，城市的“大脑”也一样，运用互联网、大数据、人工智能等前沿技术，将城市管理的方方面面连接起来，成为一个整体，从而达到协调统一、智慧决策的目的。

那么智慧城市能够实现这些功能的背后的原理是什么呢？

智慧城市的工作原理是这样的：首先需要在城市基础设施上安装传感器等智能设备用以进行基础信息采集；其次各个部门的业务系统将城市各个部分运行中产生的大量数据进行加工筛选，形成关键信息；最后关键信息将会跨行业、跨部门共享，实现城市智能化管理，并能够统一集中至管理中心，必要时可以调度整座城市。

可以把智慧城市的工作过程比作"解题"的过程。我们在做题的时候，用眼睛看题是信息采集，大脑接收题目信息进行分析，调动各种知识储备是各区域协作共享，大脑指挥手写出答案就是发出管理指令。在智慧城市中，各类传感器相当于我们的眼睛，后台数据筛选和分析过程就像我们大脑的思考过程，管理和调度就相当于解决问题。只不过智慧城市是更为复杂和困难的实现过程。

智慧城市功能体系包括社会治理、市民服务和产业经济三大类别，具体包含的范围和项目非常广泛，如智慧交通、智慧能源、智慧社区、智慧教育、智慧医疗、智慧管网、智慧物流等，涉及生活和城市管理中的各个领域。

那么智慧城市究竟智慧在哪里？在这些方面究竟是怎么发挥智慧的力量的呢？我们选取其中的几项来详细说明。

1. 智慧交通

首先，智慧交通系统可以实时监测与反映城市所有道路交通的动态变化，并将图像和数据等直观呈现在交通管理部门面前；其次，其还能将交通状况实时反馈给机动车驾驶员，如此一来驾驶员就可以根据系统发布的信息，避开交通拥堵并选择最佳路线行驶；最后，交通管理部门也可以根据后台智能监控系统提供的路况信息，操纵各个路口的红绿灯，从而达到交通通畅的目的。

另外，智慧交通还体现在停车方面。采用智慧停车系统的停车场，可以反馈给驾驶员空车位的数量及位置，在每辆车离开的时候自动扣费，不需要人工逐一拦截收费，可大大降低成本，提高效率。

2. 智慧管网

一方面，智慧管网可以建立并呈现城市的下水道的电子地图，清晰显示下水管道设施，给工人提供清淤作业的直观和准确信息；另一方面，安装在下水道井盖下方的电子监视器，会对水流、堵塞等情况实时监测，当下水道堵塞水流达到警戒线时，监视器就会自动发出警报，工作人员则可以根据监视器发回的信息及时采取相应措施，最大限度地预防灾害的发生，提高整个城市下水道的运行能力。

3. 智慧社区

智慧社区体现在与生活息息相关的信息整合与开放上。城市管理中心将各部门所有已对公众开放的数据纳入统一的网络入口，并在互联网上公开。这些数据涉及人口统计信息、用电量、犯罪记录、中小学教学评估、交通、小区噪声指标、停车位信息、住房租售、旅游景点汇总等与公众生活密切相关的数据，同时也包括饭店卫生检查、注册公司基本信息等与商业密切相关的数据。

智慧社区可以给生活带来很多便利并提高管理部门的工作效率和服务水平。

以上几种实际应用都只是智慧城市的一部分，它们都将通过统一的网络汇聚到一起，形成一个整体智慧城市网络，从而可以实现对整个城市状况的直观反馈，对整个城市进行监测和智慧管理。

智慧城市是一个庞大的整体，涉及的部门和行业数量多、项目杂，只有在了解民众需求和智慧城市的架构原理的基础上进行严谨的整体规划，才能将所有的行业与部门打造成一个有机的联合体，使整座城市变得高效、和谐、智慧。

AI说

现代社会中，城镇化和城市发展越来越快，随之而来是城市的发展和管理面临着越来越多的难题，如交通堵塞、环境污染、各种资源短缺等。

智慧城市的出现可以在很大程度上解决城市发展和管理中的各项问题。

我们通过建设智慧城市，及时传递、整合、交流、使用城市的经济、文化、公共资源、管理服务、市民生活、生态环境等各类信息，提高物与物、物与人、人与人的互联互通、全面感知和利用信息的能力，从而能够极大地提高政府管理和服务的能力，极大地提高人民群众的物质和文化生活水平。

智慧城市的建设，让城市发展得更全面、更协调，也让城市生活变得更加健康美好，让我们一起期待智慧城市与智慧地球的到来吧。

五 没有驾驶员的小汽车

导读站

一日，谷歌母公司旗下自动驾驶企业 Waymo向其网约车客户附送了一条消息，消息说客户的下一次行程可能没有随车安全员的陪同。这意味着 Waymo旗下的纯自动驾驶汽车将要与客户见面了，也宣告了无人驾驶汽车即将实现真正上路行驶。

AI小讲堂

近年来，无人驾驶成为热门领域，很多大公司纷纷向无人驾驶领域进军，国外著名的企业有通用、Waymo、福特、大众等，国内有百度、阿里巴巴等。

世界上第一辆“无人驾驶”的汽车出现在1925年的美国街头，当时是由人发射无线电波来操控，只能算作一辆大型的遥控汽车。

从20世纪70年代开始，许多发达国家陆续开始了无人驾驶技术的研究。我国的无人驾驶技术研究开始于20世纪80年代。目前世界上最先进的无人驾驶汽车在测试中已经可以完全摆脱人为干预，实现真正的无人驾驶。

无人驾驶汽车又称自动驾驶汽车，是一种智能驾驶机器人。无人驾驶汽车依靠自身搭载的传感系统判断周围环境，通过车内的计算机系统来自动规划路线，控制车辆行驶，进行智能驾驶，不需要人为操作即可感知周围环境并自动导航。无人驾驶汽车包含许多先进的科技，有人工智能、视觉计算、自动控制等。可以实现的功能有自动巡航、自动泊车、车侧预警、刹车辅助、防撞、偏离车道报警等。

与传统驾驶员驾驶汽车相比，无人驾驶汽车具有许多突出的优势，是传统汽车无法企及的。

1. 安全性

世界卫生组织（WHO）发布的报告称，全球每24秒就有1人因为交通事故丧生，每年因交通事故丧命的人数高达135万人，而且这个数字还在攀升。交通事故发生的原因有很多，比如天气因素、车辆本身故障等，但是其中占比最高的还是驾驶员本身的因素，司机受到心情、药物或者驾驶技术的影响，在驾驶时分心、超速，或者疲劳驾驶甚至是酒驾，都有可能导致交通事故的发生。

无人驾驶就不会有这样的问题存在，无人驾驶不会受到人类生理因素的制约，无论何时都会遵照系统设置规范驾驶，这是人类驾驶永远不能达到的状态。而且从目前无人驾驶汽车的测试结果来看，确实只有极少数的引发交通事故的案例。

所以从这个角度来讲，无人驾驶更安全、更可靠，并且有可能大幅减少交通事故的发生，可保障更多人的生命财产安全。

2. 减少交通拥堵，减少停车位

无人驾驶不仅能降低交通事故的发生率，还能减少交通拥堵，减少汽车位的占用。谷歌的无人驾驶领域的专家预测，无人驾驶汽车一旦成为主流，则可减少目前路面上70%的汽车行驶量。上路的车辆减少，停车位的需求自然减少，那些被车位占据的土地就可以进行更加合理有效的利用。

3. 减少气体排放，减轻环境污染

化石燃料的燃烧产生的二氧化碳是人为排放温室气体的主要来源，汽车尾气的排放是典型的化石燃料燃烧，不但会产生二氧化碳，还会产生一氧化碳、铅、硫等有毒有害气体及固体悬浮微粒，从而污染环境，危害人的身体健康。无人驾驶汽车能够更合理地利用汽车油门和制动系统，从而有助于提高燃油利用率，减少气体排放。

此外，无人驾驶还能帮助人们减少交通工具方面的支出，在无人驾驶的汽车里人们会拥有更多可自主支配的时间，同时无人驾驶有可能帮助一些特殊人群更加便利地出行。

AI说

随着无人驾驶技术的日渐成熟，无人驾驶汽车也逐渐从实验测试阶段走到了实际应用阶段，科幻小说中的场景不再是遥远的梦想，科技的发展将带给我们一个更安全、更健康、更便捷的出行环境和生活环境，让我们期待那一天早日来到！

六 工厂里都是机器人

导读站

当我们走进一家现代化生产加工企业时，放眼望去，在流水线上忙碌的不再是工人，取而代之的是各种机器人，它们在有条不紊地工作着，它们可以完成上料下料、装配、检测、传输、质检、分拣等众多原来需要人力完成的工作。

机器人可以更加高效精确地完成生产加工作业，在现代化企业当中已经逐渐取代人工，成为不可或缺的存在。

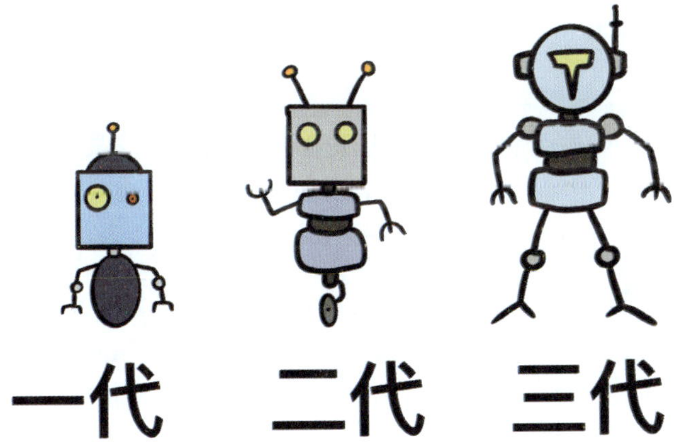

AI小讲堂

提到机器人，你会想到什么？是冷酷无情的终结者？拥有人类思维的阿丽塔？还是又萌又暖的大白？可能很多人脑子里浮现的都是科幻电影中与真人近似的人形机器人。

其实在日常的生产制造中，应用更多的是功能性机器人，它们没有和人类相似的外表，看起来和我们印象中的“人”相距甚远。例如工业制造业常用的机器人看起来有点类似人类手臂，它是由数个刚性杆体和旋转或移动的关节连接而成，功能也和人类的手臂相似，就是将物品移动到不同的位置或者进行不同的操作。

机械臂一端固定在基座上，另一端安装着末端执行器。末端执行器就是机器人的“手”和各种工具。根据不同的工作场景，机器臂上可以安装适用于特定应用场景的各种末端执行器，如焊枪、螺丝刀、钻头、喷灯等。除此之外，根据不同工作的需要还可给工业机器人安装不同的压力传感器、视觉传感器、专用程序、移动装置等，这就像给机器人装上了“眼睛”“大脑”“腿”，同时能让机器人拥有“感觉”。

机器人在工作时，需要通过视觉传感器和压力传感器“看到”“感受到”被加工的工件。

机器人手臂前端的末端执行器必须与被加工工件处于相适应的位置和姿态，而这些位置和姿态是由若干臂关节的运动合成的。因此，机器人在运动控制中，必须要知道机械臂各关节变量空间与末端执行器的位置和姿态之间的关系，这就是机器人运动学模型。

这就像我们的手和手臂的工作原理。例如，我们要用手拧螺丝，就需要手和手臂之间协调配合，需要眼睛看到螺帽和螺母的位置，需要手臂和手伸出拿取螺丝，需要手脑配合来掌握抓握的力度，最终将它们拧到一起。机器人也是一样，机器人的末端执行器相当于我们的双手，视觉传感器相当于我们的眼睛，压力传感器可以感受重量，程序控制力度，最终完成拧螺丝的动作。

工业机器人的应用领域非常广泛，有汽车制造、电子、铸造、冶炼、化工、物流、食品等行业，可以说现代生产加工企业是机器人支撑起来的，离开机器人就无法进行正常的生产作业。

1. 在码垛方面的应用

传统的人工码垛不仅工作强度大，而且效率低，机器人因其高效、承受强度大等特点被广泛应用在各类工厂的码垛环节。码垛机器人能够根据物品所归类的位置，进行高效的分类搬运，每小时能够完成数百块的码垛任务。而且机器人能够通过传感器调节力度，轻拿轻放，保证物品不变形。所以机器人在生产线上下料、集装箱的搬运等方面扮演着重要的角色。

2. 在焊接方面的应用

各类制造企业的焊接工作主要由焊接机器人承担，常见的焊接机器人有点焊机器人、弧焊机器人、激光机器人等。汽车制造行业是焊接机器人应用最广泛的行业，与人工相比，机器人可以完成的焊接难度更大，焊接速度更快，焊接质量更高，有着人工焊接无法比拟的优势。

3. 在装配方面的应用

零件装配是工业生产的重要环节，也是工作量巨大的环节。传统的人工装配效率低、错误率高，机器人因其安装精度高、灵活度高、耐用程度高的特点可以完美适应和完成装配工作。人们根据不同的装配流程编写不同的程序，就可以拥有适用不同装配需求的机器人。因为装配机器人可以完成复杂精细的工作，所以常用于完成精度要求高的电子零件、汽车精细部件的安装工作。

机器人不但应用范围广泛，与人工相比，机器人还有很多明显优势。

首先，节约成本。机器人可以长时间高负荷连续工作，这是人工无法达到的，一台机器人的工作时长和工作量是人工的数倍，可有效节省人工费用。另外，自动流水线采用工业机械手操作的模式，更能节省空间，从而节省场地费用。

其次，提高生产效率。机器人运行依靠固定的程序，在工作中力度和时间的掌控是一样的，精确度更高，所以生产出的产品成品率更高。另外由于生产每一件产品所用的时间是固定的，所以在同样的周期内，与人工相比，机器人的产量也是固定的，不会忽高忽低。使用机器人生产能够提高生产效率，增加企业效益。

最后，使用机器人生产安全系数更高，也更方便统一管理。人工操作可能会受自身因素影响，出现失误造成事故，机器人则更加安全和稳定，人工的出勤和工作态度难以保障，机器人则不受外界因素干扰，可以一直保证高效连续工作。

AI说

从20世纪50年代世界上第一台工业机器人诞生至今，机器人领域发展迅猛而繁荣，工业机器人的功能也早已更新迭代，工作内容从最初的繁复、无意义的作业，到可以学习、可以与人交互协同作业。工业机器人已从冰冷的机械零件组合发展到今天的具有视觉、触觉、能行走的智能机器人，随着科学技术的进一步发展，相信工业机器人也会变得越来越智能化。

中国制造业正处于变革与转型的路口，正在从“制造时代”逐步过渡到“智造时代”。如何通过大数据、云计算、物联网，5G等新技术的有效应用，打造数字化车间，建成智能工厂？如何提高制造水平和生产过程可控性？如何打通企业的信息流，实现从设计、生产到销售各个环节的互联互通，形成集制造和服务为一体的网络？

智能化工厂提供的就是这样一个解决方案，也是一个发展的必然趋势，这既是企业自身的需求，是整个生产制造业的需求，也是国家和社会发展的需求。

七 智慧医疗，守护我们的健康

导读站

我们以前看病，必须到医院挂号，早早赶去排队，拿到号后，接下来就是无限地等待；现在拿出手机，打开医疗App，选择时间段和医生，到点再去，省时省力。

以前拍片化验，检查的单据必须亲自取，等结果等到“花儿都谢了”；现在拿出手机，打开医疗App，可自动获得化验结果，不必在机器前苦苦等待。

以前看完病的病历本、化验单随处放，用的时候翻箱倒柜找；现在拿出手机，打开医疗App，可一键查找以往的病历、检查结果。

科技的发展改变了我们的家居、出行、购物习惯，也改变了我们的就医方式，智慧医疗已经悄然到来。

AI小讲堂

智慧医疗是利用最先进的物联网技术，实现患者与医务人员、医疗机构、医疗设备之间的互动，使医疗过程逐步信息化的一种模式。

因为受到社会和经济发展因素的制约，我们的公共医疗体制还有很多地方需要完善，存在管理系统相对落后、医疗成本高、渠道少、覆盖面窄等问题。医疗资源分布不均衡；大医院一号难求，人满为患；社区医院无人问津，无法发挥应有作用。医疗信息不互通，医疗监督机制不健全，病人就诊手续烦琐，以往病历不连续。这些问题已经成为看病就医过程中的突出问题。

“管理难”使医院头疼；“问诊难”困扰着医生；“看病难”是患者的深切感受。在医院和患者的迫切需求中，智慧医疗应运而生。

那么智慧医疗都能够实现哪些功能呢?

1. 一站式就诊服务

目前很多智慧医院项目都具备以下功能：智能分诊、手机挂号、门诊叫号查询、取报告单、化验单解读、在线医生咨询、医院医生查询、医院地理位置导航、疾病查询、药物使用、急救流程指导、健康资讯播报等。提供了从挂号到完成治疗的“一站式”信息服务。

2. 个人健康档案管理服务

在智慧医疗诞生以前，患者和医生如果想知道自己的历史就医记录和检查记录，只能翻阅纸质的病历。而纸质的病历和检查单据又易损坏丢失。

智慧医疗可以让每一个患者在医院的历史预约信息和就诊记录变得整齐有序且有据可查。我们通过手机应用便可以查看门诊/住院病历、用药

历史、治疗情况、相关费用、检查单、检验单、图文报告、在线问诊记录等，不仅可以及时自查健康状况，还可通过24小时在线医生进行咨询。

3. 智能化管理服务

物联网技术使得医院系统实现医疗智能化和管理智能化，医院内部医疗信息、药品信息、人员信息等都可以被采集、存储到统一平台，经过自动化处理后，再进行传输、共享，实现医疗信息和医疗过程数字化、物资管理可视化、服务沟通人性化，从而提升管理效率，提升服务品质。

智慧医疗是一套智慧的医疗信息网络平台体系，可以使患者用较短的等疗时间享受便利、优质的诊疗服务；使医生可以随时查看相似病症的治疗案例和病人的以往病历，为诊断提供更好的参考和依据；使医院打通各个环节，工作更高效，能更好地为病患服务。

AI说

智慧医疗拥有广阔而光明的未来，这主要依赖于物联网、VR、人工智能等前沿技术的支撑和发展。

在未来，我们在卫生防疫方面可以利用物联网技术关联病人的行动轨迹，连接发热门诊实现自动报警，及早找出病源，从而控制疾病扩散；还可以使多学科会诊成为可能，完成线上会诊并指导用药；模拟医学可以建立人体器官的三维数据模型，使医生可以模拟手术，得到数据反馈，降低手术风险，提高手术成功率。

在未来，机器人问诊、机器人护理、机器人智能影像等都可能成为现实。让我们拥抱科技，拥抱变革，期待智慧医疗带给我们更便捷、更健康的未来吧！

第五章 人工智能的创新实践

- 用智能搜索自主学习
- 编写智能小程序
- 人工智能会写诗
- 动手创作智能机器人
- 制作自己的“无人机”
- 制作简单的物联网模型系统

用智能搜索自主学习

导读站

“因因，你怎么一写作业就抱着平板呀，一心二用怎么行？”奶奶一脸担忧地说道。

因因有些哭笑不得：“奶奶，我有个字不认识，想用平板上的智能搜索查一查。”

奶奶将信将疑道：“因因，你可别糊弄奶奶，奶奶不懂。再说，不认识字，你不会查字典吗？你爸爸妈妈、爷爷奶奶都是用字典的啊。”

“可是查字典太慢啦，用百度查一下，一秒钟就能查到这个字。”因因耐心地说道，说完，她还给奶奶演示了一遍。看完因因的演示，奶奶终于明白孙女用平板不是在玩，而是在学习了。

“这科技进步太快了，从因因爸到因因，这才过了不到三十年，世界就变得这么方便了。怪不得毛主席说‘世界是你们的,也是我们的,但是归根结底是你们的’！”奶奶感慨道。

AI小讲堂

1990年，在加拿大魁北克省蒙特利尔的世界级顶尖学府麦吉尔大学里，有三名学生决定开发一个可以用文件名进行文件查找的系统，这个查找系统便是智能搜索引擎的“祖先”。

时间到了1994年4月，斯坦福大学有两名博士生——戴维与美籍华人杨致远共同创办了雅虎（Yahoo）。随着访问量与收录链接数的增多，Yahoo的搜索效率明显提高。

Yahoo几乎成为20世纪90年代因特网的代名词。

说了这么多，很多小朋友都不太明白，这个智能搜索引擎到底是什么呢？其实，智能搜索引擎指的就是自动从因特网上搜集信息并进行一定的整理，然后方便用户进行查询的系统。

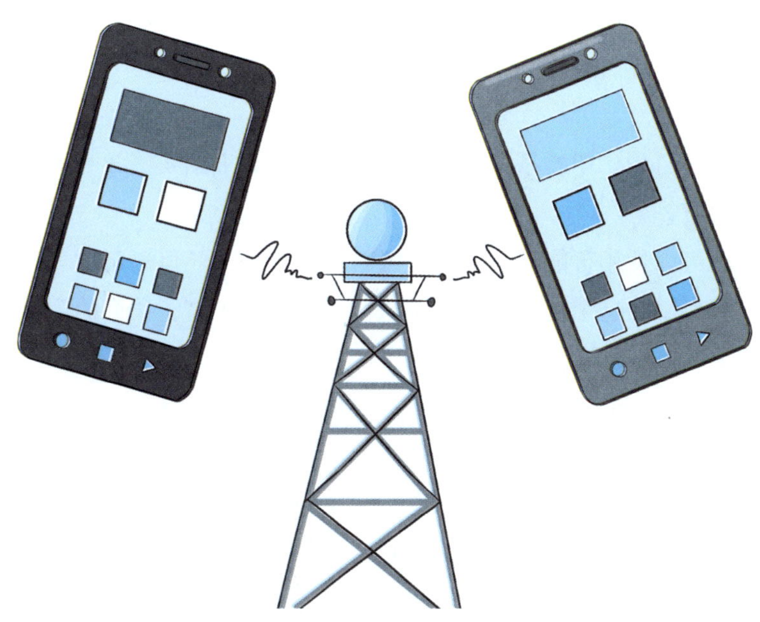

如果把上网的人比作航海家，那因特网就是汪洋大海，里面的信息则是汪洋大海中的小岛。这些小岛数量庞大且毫无秩序，但网页链接却将小岛联系起来。智能搜索引擎就是一张航海图，航海家可以用这张航海图找到自己想去的小岛，并了解与这个小岛相关的各种信息。

目前，国外的代表性智能搜索引擎是谷歌（Google），而国内最大的中文智能搜索引擎则是百度（Baidu）。一个智能搜索引擎往往由以下几部分组成。

1. 搜索器

搜索器相当于探测器，其功能是在浩瀚的互联网中发现和搜集信息。

2. 索引器

索引器的功能是对搜索器收集到的信息进行理解，并从中抽取索引项，然后用抽取的索引项表示文档以及生成文档库的索引表。

3. 检索器

检索器，顾名思义就是根据用户查询的信息，在索引库中快速检索文档，并对其进行相关评价，然后对将要输出的结果进行排序，同时使其可以按照用户的查询需求，合理地进行信息反馈。

4. 用户接口

用户接口的作用就是接纳用户查询，显示查询结果，并为用户提供个性化查询项。

我们可以使用智能搜索引擎查资料、看新闻，还可以听歌、看视频，智能搜索引擎在这个信息大爆炸的时代里极大地丰富了我们的生活，也让我们的学习更加轻松有趣。

AI说

我们在使用智能搜索引擎搜索知识时，需要时刻注意资料的完整性和正确性，多对比不同搜索引擎呈现的相同内容的搜索结果，应选择更少广告、更少虚假信息的搜索引擎，这样才能更好地进行自主学习。

二 编写智能小程序

导读站

实施全民智能教育项目，在中小学阶段设置人工智能相关课程，逐步推广编程教育，鼓励社会力量参与寓教于乐的编程教学软件、游戏的开发和推广。建设和完善人工智能科普基础设施，充分发挥各类人工智能创新基地平台等的科普作用，鼓励人工智能企业、科研机构搭建开源平台，面向公众开放人工智能研发平台、生产设施或展馆等。

——《新一代人工智能发展规划》要求各界广泛开展人工智能科普活动

AI小讲堂

随着人工智能技术的发展，我们的社会生活变得越来越智能。在未来，越来越多的智能技术将会融入我们的工作和生活，而编程正是我们与人工智能技术打交道的重要桥梁。在不久的将来，程序语言将像普通话一样成为人工智能时代的通用语言。

少儿编程是近几年才在国内兴起的一门新课程，这一课程的兴起，很大程度上得益于国家对人工智能教育的重视和规划。

2019年2月印发的《中国教育现代化2035》指出，要建设智能化校园，统筹建设一体化智能化教学、管理与服务平台。人工智能编程教育就是一项重要的智能化教学课程和方法。

学习编程培养的是一种抽象逻辑思维能力，儿童一般在7岁左右便开始形成这种思维，10岁时是这种思维的最佳养成时期。因此，在中小学阶段学习编程，对儿童成长的助益也是最大的。

中小学生想要学好人工智能编程，编写自己的智能小程序，一方面需要兴趣的推动，另一方面则需要方法的助力。

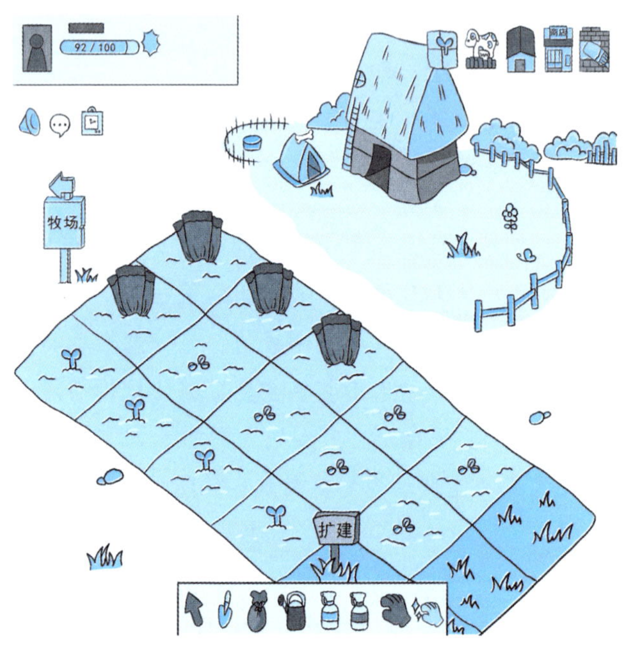

首先，学好数学是学好编程的基础，计算机科学与数学的关系十分紧密，很多数学题的解题步骤，其实就是纸面编程的过程，如果数学没学好，缺乏严谨的计算能力，则我们在编程时就会时常用错代码，导致整个程序没办法正常运行。

要知道，在编程过程中，修改一段有错误的程序，要比重新编写这段程序更为困难。因此，在学习数学过程中养成严谨的计算和解题习惯，将会让我们的编程学习变得更轻松。

其次，学好英语对编程意义重大。当前的编程语言主要是英语，很多语言指令和语句都是英文单词，看懂并理解这些语句对学习编程至关重要。如果想要获取更多、更新的编程技术资料，也需要我们能够读懂英文报告、论文。

最后，学习编程重在实践。看再多的资料，不如自己动手编写一段程序，在这个过程中，我们会发现问题，获得经验，积累信心和成就感。

Scratch是麻省理工学院设计开发的一款少儿编程工具，其以图形模块的形式规避了代码学习时所需要的高等数学函数知识，我们只需要用各种图形的积木便可以搭建自己的程序。整个编程的过程不仅充满了乐趣，而且会让我们充分了解循环、判断等基本编程要素。

通过这款编程工具，即使刚刚接触编程技术的我们也能动手创造自己的程序，它可能是一段多媒体动画，也可能是一个小游戏，只要我们肯尝试、肯钻研、肯探索，我们就可以借助编程工具制作出更多有趣的小程序。

作为中小学生，想要一下子了解高深的编程知识并不现实，我们只有一步一个脚印，从培养兴趣习惯开始，慢慢进行编程实践，才能获得最终的成功。

三 人工智能会写诗

导读站

东风吹雨过春天，杨柳青青草树边。今日偶来寻旧隐，白云深处访僧船。

——《春天》

AI小讲堂

仔细品读上面的诗歌，你能猜出这是哪位诗人的作品吗？

即使把唐诗三百首全核对一遍，也不会找到答案，因为这首诗是由人工智能诗人“九歌”所作。我们只为“九歌”提供了“春天”这一个关键词，在两分钟后，它便完成了这首诗。

“九歌”是清华大学自然语言处理与社会人文计算实验室研发的人工智能诗歌写作系统。其采用最新的深度学习技术，结合多个为诗歌生成专门设计的模型，基于超过80万首人类诗人创作的诗歌进行训练学习。

区别于其他诗歌生成系统，“九歌”具有多模态输入、多体裁多风格、人机交互创作模式等特点。“九歌”系统及其研发团队致力于探索AI技术和人文领域的结合，助力AI赋能文学教育，为中华优秀诗词文化的传承与发展贡献力量。

对大多数现代人来说，创作诗歌是一项有挑战性的事情，但现在人工智能却可以在两分钟内便完成一首诗，这似乎有些难以置信。如果古代就有人工智能，那我们今天要背诵的古诗该有多少啊。

其实，人工智能学作诗，也并不是一蹴而就的。创作诗歌需要灵感与素材，需要在平时积累大量的文化知识，人工智能在学作诗时，就要不断学习古代优秀诗人的诗歌作品。

首先，它要学习古代诗人写诗歌的格式。五言绝句、七言律诗，人工智能需要先知道这些格式是什么，才能知道怎样作出这样的诗歌来。

其次，它要学习古代诗人写诗歌的词句。人工智能的“书本”是无数古诗拆解成的词句库，它需要了解词句与词句之间的关联，以及词句与主题之间的关联，这样它才能使用符合主题的词句，作出合乎主题的诗歌来。

最后，它要学习理解各种诗歌主题。人工智能在创作诗歌时需要获得一个主题，在接收到主题后，它会根据选定的格式，完成整个诗歌的创作。在这个过程中，它还需要注意句与句之间的衔接问题。

一套流程下来，人工智能便具备了创作诗歌的能力，但需要指出的是，当前人工智能创作诗歌只能形似，而没办法神似。在意境表达方面，人工智能创作的诗歌还是要比人类创作的诗歌少一些真情实感。

基于这一点，如何让人工智能创作的诗歌更有情感和意境，已经成为未来人工智能诗歌研究的重要方向。

AI说

借助深度学习技术，人工智能开始在写诗做文章方面赶超人类，但现在它们在这些领域中的表现显然还没有人类出色。为了不被人工智能超越，我们更要多学习、积累科学文化知识，用科学知识武装自己，如此才能更好地应对人工智能的挑战。

四 动手创作智能机器人

导读站

中国青少年机器人竞赛创办于2001年，是中国科协面向全国中小学生开展的一项将知识积累、技能培养、探究性学习融为一体的普及性科技教育活动。自2001年起，每年举办一届。

竞赛为广大青少年机器人爱好者在电子信息、自动控制以及机器人高新科技领域进行学习、探索、研究、实践搭建了成果展示和竞技交流的平台，旨在通过富有挑战性的比赛项目，将学生在课程中的多学科知识和技能融入竞赛过程，激发学生对工程技术的学习兴趣，培养学生的创新意识、动手实践能力和团队精神，提高科学素质。

AI小讲堂

经过了多年的发展，中国青少年机器人竞赛已经成为国内面向青少年机器人爱好者所举办的规模最大、管理规范、认可度高、影响广泛的竞赛活动。对普及机器人工程技术知识、推动机器人教育起到了重要推动作用。

现在的机器人竞赛一共有五个项目，分别是机器人综合技能比赛、机器人创意比赛、FLL机器人工程挑战赛、VEX机器人工程挑战赛、机器人创新挑战赛。虽然竞赛内容有所不同，但这些竞赛项目无一例外都要求参与者具备创作智能机器人的能力。

创作一个智能机器人，听起来并不容易，但对于学习过编程，接触过基础的人工智能知识的人来说，这项工作的难度就会大为降低。

机器人编程主要要求青少年通过给定的零件，进行组装、搭建，然后再通过编写程序，让机器人包含的各种功能模块运作起来，最终实现对机器人的控制。

相比于动手组装、搭建机器人，为机器人编写程序显然更为重要。青少年想要自己动手创作一个智能机器人，首先要学习的便是编程语言。

Python是一种计算机语言，属于编程脚本语言的一种。相比于其他计算机语言，Python在语言指令上更简单、更易懂，由于拥有众多强大的第三方库，Python可以轻松实现网络爬虫、游戏设计、机器学习等多种脚本设计。

对于中小学生来说，学习Python既能为编程学习打下基础，又能为人工智能学习打下基础。更为重要的是，它还可以培养青少年的逻辑思维能力，对青少年的认知和学习都会产生较大影响。

丹麦积木玩具公司乐高不仅推出了富有特色的教育活动，还创办了一系列围绕自身产品的智能机器人活动。

乐高FLL科创活动通过精彩有趣的挑战主题，带领4~16岁的孩子探索科学、技术、工程和数学的世界。通过参加全球性机器人活动，青少年可以动手实践，解决源于现实世界的问题，拓展知识，培养他们的自信心以及良好的学习习惯和技能。这可在玩乐中激发青少年创新思维，培养具备21世纪核心素养的未来人工智能人才。

AI说

少儿机器人编程教育并不是速成教育，想要在青少年阶段就完全掌握机器人编程知识，未免有些急功近利。对于青少年来说，好的机器人编程教育要循序渐进，要以兴趣为导向，以热情为助力，空有目标，而缺少兴趣和努力，是学不好计算机编程的。

五 制作自己的“无人机”

导读站

全国青少年无人机大赛由中国航空学会主办，是青少年教育无人机领域领先的全国性比赛。活动旨在传承航空精神，培养航空创新后备人才，激发青少年探索航空未来的创造力与想象力，从而实现中国梦、航空梦。

全国青少年无人机大赛贯彻STEAM教育（集合了科学、技术、工程、艺术和数学的综合教育）理念，设立了个人赛、团体赛、团体接力赛、第一视角穿越赛等多种类型赛事，可培养青少年团队协作精神，提高青少年自主创新能力，鼓励青少年发掘自身潜能，引导更多青少年关注科学，热爱科学，走进科学。

AI小讲堂

科学技术不是枯燥无味的，而是充满了无限可能，在探索未知科技的过程中，青少年会自觉培养起科学精神和实践创新能力，更好、更快地成长为有用之才。

无人机编程综合了信息技术、电子机械、编程、空气动力学等多个学科的知识，不仅能激发青少年对学科知识的兴趣，还能够从多方面提高青少年的逻辑思维能力。青少年通过亲自动手组装无人机、编程无人机、操作无人机，还能充分培养他们的动手能力、观察能力和专注思考能力。

当前，不少学校都开设了人工智能课程，一些学校的课程中，也有涉及无人机编程的内容。除了在学校学习外，青少年还可以通过互联网获取最新的无人机编程知识，自己进行参考学习。当掌握了一定的基础知识后，我们便可以准备材料，自己动手制作智能无人机了。

对于初次接触无人机编程的青少年来说，编程积木无人机是无人机编程入门的第一选择。与前面提到的乐高机器人一样，编程积木无人机是一种积木化套件，外部结构主要由积木搭建构成，内部则依靠图形化编程设计程序。

在拿到编程积木无人机后，首先要做的就是将飞行控制器、电机、电池、桨叶、保护环等部件和飞行器机身拼搭在一起。这个过程就像搭积木一样，可以锻炼青少年的动手能力，青少年可以根据自己的想象，依靠现有部件拼搭不同风格的无人机。

完成组装后，接下来要做的就是借助编程软件对无人机进行编程了。大多数图形化编程无人机的编程软件与Scratch软件差别不大，操作方法也大同小异，掌握了这种软件的操作方法后，只要简单查看说明书，便可以了解相应无人机编程软件的使用方法。

我们通过编程可以控制无人机的基础飞行操作，在编程软件中，还可以查看无人机的飞行数据和飞行姿态。一些编程积木无人机还会配置LED灯和蜂鸣器，通过编程可以让无人机展现更好的飞行效果。

完成了组装和编程后，一个可以飞行的编程积木无人机就完成了，接下来，我们就可以通过遥控器来控制无人机飞行了。需要注意的是，一定要遵守当地的飞行器使用规定，不可在禁飞区使用无人机。

AI说

看上去流程很简单，但想要动手制作无人机需要注意的问题还是很多的。在组装过程中要防止各部件安装错误，编程时要反复检查程序问题，飞行时要时刻观察路线……“纸上得来终觉浅，绝知此事要躬行”，只有动手实践，才能让知识产生价值。

六 制作简单的物联网模型系统

导读站

物联网就是一个能连接事物的网络，是从互联网延伸和扩展出来的网络,它将各种信息传感设备与互联网结合在一起，可以实现在任何时间、任何地点，人、机、物的互联互通，可以说，物联网就是让世间万物与互联网产生连接。

AI小讲堂

物联网是什么？当下几乎所有技术与互联网相结合，实现物与物之间信息智能共享的网络都可以被认为是物联网。不论如何定义物联网，智能、互联都是物联网最为显著的特征。

在人工智能技术的助力下，物联网已经深入人类生活的各个角落，智慧交通、智慧城市、智慧消防、环境保护……不知不觉间，人类的生活已经被物联网包围起来。

当物联网真正走入我们的生活中，我们身边的一切物体都会像充满智慧一样：冰箱能够自己控制温度，同时还会提醒我们哪些物品快过储藏期限；洗衣机会帮我们分辨衣服的颜色和材质，防止衣服在洗涤过程中出现混色；汽车则不仅能够载着我们外出，同时还会实时纠正我们的驾驶行为……

有这些智慧物品在身边，我们的生活将会变得更加有趣。其实，这种智能物联生活离我们并不遥远，只要简单学习一些人工智能的专业知识，通过物联网课程，我们便可以了解各种物联网产品的原理与方法。在此基础上，我们还可以借助物联网操作套件，自己动手制作简单的物联网模型系统。

物联网模型系统主要借助一些简单易用的物联网平台和廉价稳定的智能终端，将某个行业的操作流程通过集成电路拼接在一起。借助一些智能互联设备，我们可以轻松学习一些物联网知识，并以此来设计一些相关应用。

例如，使用智能家居包操作套件，可以让我们更好地了解物联网在智能家居领域的应用。在了解了基础理论和实践操作方法后，我们便可以利用各种开源硬件进行编程、组装，然后通过计算机或手机App对模拟场景进行控制、管理。

通过这一操作，我们可以综合控制家中电灯、电源、风扇、电视、冰箱、空调等设备的智能互联，让我们的家居生活变得更加智能和便捷。

当然，想要实现完全实用的物联网智能家居，只靠简单的模型系统是不现实的。但在中小学阶段通过模型系统掌握物联网的应用原理与操作实践，将会成为未来我们从事物联网技术研究的一个重要起点。

随着人工智能技术的发展，“万物互联”的时代离我们越来越近，只有跟上科学技术发展的潮流，才能不被其他人甩在身后。为此，我们需要有足够的学习热情和广阔的探索视野，不断去充实自己，提高自己。